JN236444

大阪で闘った朝鮮戦争

大阪で闘った朝鮮戦争

吹田枚方事件の青春群像

西村秀樹
Nishimura Hideki

岩波書店

「いいじゃないか、そこには私の至純な歳月(とき)があったのだから」

クロポトキンの日記から

はじめに

日本を代表するというか、わたしも大好きな作家、池澤夏樹が新聞に寄せた文章にクレームがついたことがある。

その文章というのは、

「戦後の日本の歴史の中で、いわゆる先進諸国に対して、文句なしに誇れることがあるか。ぼくはそれは武器を売らなかったことだと思う。われわれは人の命を奪う道具を作って売って金を儲けなかった。その能力があるのにしなかった」

この文章は、従来の歴史教科書が「自虐史観」だとする歴史修正主義者に対し、彼らの主張を批判する文脈のもの。

しかし、「文脈とは別に、この文章にウソがある」と、福岡市に住む在日朝鮮人・黄永恵（ファン・ヨンヘ）が新聞社に訂正を申し入れた。

この文章は、はじめ毎日新聞学芸欄に掲載され（一九九七年四月一四日付）その後、朝日新聞の看板コラム「天声人語」（四月三〇日）が引用したもので、日本を代表する二つの新聞が記事の真偽を問われることになった。

クレームの申し入れから二ヵ月後、朝日新聞は「天声人語」で次のような訂正を載せた。

「その内容が間違っていた。▼敗戦後、連合国軍総司令部(GHQ)は兵器、弾薬類いっさいの製造、修理を禁じた。しかし一九五〇年、朝鮮戦争勃発の前後から、事態は一変する。五〇年に、米軍の発注に応じて武器や砲弾の生産が始まった。製造されたのは四・二インチ迫撃砲、各種の迫撃砲弾やロケット砲弾、榴弾、銃弾など▼けれども、日本が独立(五二年)し、朝鮮戦争が休戦(五三年)したあとも、五五年ごろまで発注・製造は続いた」(八月六日)。

わたしには丁寧な訂正と見えるのは、メディアはなかなか訂正しないという先入観が強いせいかもしれない。毎日新聞の名誉のために一言添えると、毎日新聞も著者の池澤夏樹が書いた長い文章をのちに掲載している。

さて、何を言わんとしているかと言うと、日本を代表する知性と言って過言でないような表現者が、そろいもそろって、日本が戦後、武器の製造・輸出をしていた歴史的な事実を詳しく調べないと判らなかった、という事実である。そして、何を隠そう、わたし自身もそうした事実をこの本をまとめるまでよく知らなかった。実は、わたしは戦後日本国内がようやく平穏になった五一年生まれ。朝鮮半島では同族が争う朝鮮戦争の最中であったが、朝鮮戦争に実体的な記憶は何もない。

だから、他人様の揚げ足取りをするのは、全く天に唾する行為と言うほかない(池澤さんが毎日新聞に掲載した文章は、誠意あふれるものだと、きちんと評価しておきたい)。

いま日本を「戦争のできる普通の国」にしようとする動きが強まっている。

こうした動きの背景には、朝鮮民主主義人民共和国(以下、北朝鮮)の脅威論がある。一昨年の九・一七(九月一七日)日朝ピョンヤン宣言で、金正日総書記が日本人拉致を認めて以来、日本の世論は北朝鮮への武力制裁すら論議しはじめた。

　そうした武力制裁や「戦争のできる普通の国」に賛成するにしろ反対するにしろ、それでは「朝鮮有事」の時、日本国内はどうなるかを考えたことがあるだろうか。そうしたことを考える上で、過去の「朝鮮有事」を参考にするのは当然と思われる。

　しかるに、池澤夏樹の筆禍事件は、日本人の多くが実は朝鮮戦争当時の日本国内の様子をよく知らないという現実を、端なくも示したことになる。

　たまたま、昨年二〇〇三年七月二七日は、朝鮮戦争で休戦協定が結ばれて、ちょうど五〇年に当たる。同じ民族同士が血で血を洗う朝鮮戦争は、「休戦」という不正常な関係のまま、五〇年間も続いたことになる。また来年二〇〇五年は、日本が朝鮮を事実上「保護国」とした日韓保護条約（乙巳（いっし）保護条約）締結からちょうど一〇〇年。日本の敗戦から六〇年。また自由党と民主党が合同して自由民主党を結成して五〇年、そして日本共産党が武装闘争を止めて五〇年、朝鮮総連ができて五〇年の節目の年に当たる。

　この本は、朝鮮戦争当時の日本国内の反戦運動を追ったルポルタージュである。

日本人拉致や核開発を認めた北朝鮮と日本がどういう関係を取り結ぶのか。考えて見れば、こうした犯罪行為も東北アジアがもっと早い時期から正常な関係になっていれば、なかったと想像するのは、それほど難しいことではない。

　ともあれ、日本国憲法の改訂問題、北朝鮮への武力制裁、イラクへの自衛隊派兵問題など、現代の問題を考える上で、五〇年前の朝鮮戦争当時の日本を詳しくチェックすることは、大きなヒントを与えてくれると思われる。

かつて南アフリカでのアパルトヘイト(人種差別政策)に対し、ツツ主教らの「真実と和解委員会」がもつれた糸を解きほぐす作業を長年続け、やがて、マンデラ大統領が誕生するのに至ったのと同じように、今後、パレスチナとイスラエルの民衆和解、日本と東アジアの民衆和解がやがて成立するとの夢を現実にしたいと思う。

そうしたとき、必要なのは東アジア版「真実と和解委員会」であろう。

歴史の真実を知る必要がある。

(文中、敬称略)

目　次

装丁　倉田明典

序章　吹田事件研究会

十三の一平(曺智鉉撮影)

大きな太鼓

ドドーン。ドドーン。黎明のひんやりした空気を切り裂いて、大太鼓の打音が力強く響いた。直径一メートル、マーチングバンド用の大太鼓を身体にしっかりと結わえた男が、バチを力いっぱい振り下ろす。そのたびに、空気が大きくふるえた。

夜を徹してのデモ行進。赤旗や紺地に赤い星の北朝鮮国旗をつけた旗竿も目に付いた。胸を張って旗をかかげ、デモ隊は粛々と進んでいった。どの顔も警察官との対峙を予想して凛と張りつめた表情をしていた。西国街道(現在の国道一七一号線の旧道)さらに小野原街道の細い道に、デモ隊は横こそわずかに二列。それは他の通行をじゃましないための配慮であった。列は延々と続き、その数、一〇〇〇人を超す。

デモ隊は須佐之男命(すさのおのみこと)神社前の警備線を突破し、午前六時ごろ、国鉄東海道本線千里丘駅南側の竹ノ鼻ガードに差しかかった。ガードの上には、武装警察官二六人が警備していた。ガード下の地下道は全長二〇〇メートル弱と長いため、警察官にはさみうちされる恐れがあり、デモ隊は武装警察官にたじろぎ、いったん停まった。

すると「決死隊出てこい」と、決死隊を募る鋭い声がかかった。

デモに参加した在日朝鮮人・丁永才(チョン・ヨンジェ)から直接聞いたところによれば、すぐには誰も手を挙げなかったが、間もなく青年八人がデモ隊の一番先頭に走った。在日朝鮮人組織の大阪・泉北支部の若者たちであった。

青年八人は、デモ隊の最先頭二列を横四人で固めた。武装警察官が手出しをすれば、命をなげうってデモ隊を守る気概であった。その気概に押されたのか、太鼓がドンドンと響く中、デモ隊が毅然と進むと、警察官は何もせず、デモ隊はガード下の地下道をかけ抜けた。

朝鮮戦争が勃発してちょうど二年目(一九五二[昭和二七]年六月二四日〜翌二五日)、豊中市待兼山の大阪大学・豊中キャンパスで労働者や学生が前夜祭を開いた後、デモ隊は東に夜を徹して進んだ。夏至の時期、夜明けは早い。生駒の山々に白銀の光りが宿る。デモ参加者は誰もが下着からシャツまで吹き出る汗にぐっしょりと濡れていた。警察官と対峙する精神的なタフネスが求められた。

デモ隊の先頭には、身長一七五センチ、周りに比べひときわ背が高い痩身の男がいた。突き出た頬骨、遠くを見る切れ長の目が意思の勁さを現していた。男の名は夫徳秀、プ・トクスと読む。在日朝鮮人二世である。

デモ隊は何をめざしているのか。どこに向かうのか。なぜ夫徳秀は先頭なのか。誰が計画したのか。

大阪・十三の焼鳥屋

「ダメ。そんなことしゃべれないの」

夫徳秀は懸命に断っていた。ここは、大阪の下町・十三にある焼鳥屋「一平(いっぺい)」。

二〇世紀最後の年のこと。夫徳秀はすでに齢七〇を超し、髪に白いものが少し混じっていた。一平は夫徳秀夫婦二人だけが切り盛りする小さな焼鳥屋。一階カウンターにスツール一〇席だけ、そのカウンターの内側で、夫徳秀は冷たいビールジョッキに手慣れた様子で生ビールを満たし、炭火で焼き鳥を焼いていた。

スツール席の男二人が夫徳秀を「マスター」と呼んだ。

「マスター。最近、労働組合はどこもしんどいんですわ。マスターに体験談を話してもらい、組合の若いもんを元気にしたいんですわ」男たちは労働組合のメンバー、らしかった。

「社長も何とか言ってやってよ」男たちはカウンター内部の夫徳秀の連れ合いを「社長」と呼んだ。

「マスターは強情やから、こうと決めたらテコでも動きまへんで」社長はニコニコと笑うばかり。

が、肝心の夫徳秀はお客相手の商売とあって笑顔こそ絶やさなかったものの、「ダメなもんはダメ」。講演の依頼を頑として聞き入れなかった。

わたしは会社帰り、一平でそんな場面をたまたま目撃した。わたしの勤め先は、大阪の梅田にオフィスとスタジオがある。仕事を終え、西日本有数のターミナル阪急梅田駅から、マルーン色という、栗を思わせる落ち着いた色の阪急電車に乗って、わずか三分、大阪平野を流れる淀川を渡ると十三駅に着く。数字で「十三」と書いて「じゅうそう」と読む。京都から大阪方面へ、淀川上流から数えて一三番目の渡しがあったからという。扇型に神戸線、宝塚線、京都線と拡がる阪急電車の沿線で、十三駅はその扇の要に位置している。一平は十三駅前西口の小さな焼鳥屋である。

わたしがこの店に出入りするようになったのは、今からおよそ二〇年ほど前のこと。マスターが吹田事件の関係者であると知ったのは、それから更に後のことであった。記者仲間からの噂で知った。「一平のマスターは、吹田事件の関係者らしいでぇ。それも、単なる参加者ではなく大物らしいで」と。

わたしもマスターの体験を聞きたいと願い「ねぇ、マスター。体験を聞かせて下さいよ」

しかし、帰ってくる返事は「ダメ。そんなこと話せないの」とつれないものであった。

総連大阪

わたしが最初に一平に行った経緯はよく覚えている。連れていった人が特別な人であったからだ。在日本朝鮮人総連合会（以下、総連）大阪府本部の国際部長、李芳一である。リ・バンイルと読む。

きっかけは、今から二〇年余り前（一九八二年）、勤務先の放送局が北朝鮮へ取材チーム派遣を決めたことであった。わたしは北朝鮮に取材に行きたいと希望した。

新幹線新大阪駅の南口で、当時の報道部長、高井輝三と待ち合わせ、駅から歩いて数分の総連大阪を訪ねた。玄関脇の応接間でちょっと長めの打ち合わせをした後、李国際部長が「ちょっと一杯行こうか」と誘った。向かったのは、十三であった。

新大阪から十三へはタクシーでわずか一〇分。タクシーを十三駅西側の三和銀行十三支店前の変則五叉路で降りると、ちょっと太めの李芳一が案内役となってスタスタと、先に歩き出した。銀行の支店から十三駅の西口改札口に向かい、老舗の饅頭屋とケーキ屋の間の路地をちょいと曲がった。路地は道幅二メートル、夕方の酔客でにぎわい、人がすれ違うのもやっとの狭さ、雨が降っても大して濡れないほどの距離を歩く。と正面に大きな赤ちょうちんが目に入った。墨跡も鮮やかに「一平」と書かれ、大人でも一抱えほどの俵型ちょうちんが目印である。

李芳一は、入口横の炭火で鳥を焼いているマスターに一声掛けて、とっとこ、奥の階段を二階に上った。勝手知ったる他人の家というふるまいであった。二階はソファータイプの長いすがあり、横長の机が二つだけ。われわれ以外に客はおらず、ゆっくり三人で話ができた。李芳一の様子から、李と店のマスターがずいぶんと親しい関係だと、すぐに推測できた。その間柄がどんなものかは、実は、二〇年後に、ひょんなことから判明する。李芳一は朝鮮問題の取材相手となった。そればかりか、李芳一はのちにわたしに大変なことを打ち明ける。

夫徳秀（ブ・トクス）の人生で一番印象に残ったエピソードを紹介する。

一九六五年ごろ、夫徳秀は朝鮮総連大阪府本部の東淀川地区委員長に就任する。当時、夫徳秀は三六歳。総連大阪では最年少の地区委員長である。

東淀川地区に住む在日朝鮮人の多くは、日の出と共に起き段ボールや古鉄を拾い集め、夜遅くまで汗まみれの生活を送っていた。夫は、そうして暮らすオモニたちに、子供たちへの民族教育の必要性を訴え、民族学校への寄付金を募った。

「広く浅く」が原則であった。結果、夫が集めた金額は当時の金で合計一億六〇〇〇万円に達した。今から三五年前の一億六〇〇〇万円という金額である。しかも大口の寄付はない。他の多くの地区委員長がノルマを果たせない中、夫は府本部のノルマを一二〇パーセント達成したという。夫がノルマを果たせたのには、わけがある。夫は金持ちにカンパの要請をしたとしてもお金だけが集まって民族学校の生徒が集まらないからと、幼い子どもや就学生を持つ若い母親をターゲットに絞り、熱心にオルグ活動をしていった。

獲得目標をクリアするための戦略と戦術。志は高く、その一方で、それを実現させるための現実分析は冷静に。こんなところに夫のリーダーシップを見た。

北朝鮮取材

勤め先の放送局が北朝鮮に取材班を送ることになったのは、次のような経緯からであった。八二年四月一五日に北朝鮮建国の指導者・金日成主席が生誕七〇周年を迎えるに当たって、ピョンヤンで大規模な記念行事が行われることを事前につかんだ。この際、日ごろなかなか取材のできない北朝鮮を訪れ民衆の表情を取材したいというのが、希望であった。

報道部長の高井輝三は、特派員としての任地が西ドイツという分断国家で、帰国後朝鮮半島に注目。わたしはわたしで登山家植村直己を含む厳冬期エベレスト登山隊に同行取材しネパールで三ヵ月過ごした後で、次の大きな仕事を探していた。李芳一の働きかけが功を奏し、ピョンヤンから取材ビザが降りるとの見通しが立ち、部長同士の打ち合わせとなった。

高井が提出した北朝鮮国内での取材企画書には、高句麗古墳から発見された彩色壁画が含まれていた。その企画書を見て、李芳一がニヤニヤとあごをさわった。

「そんな他人様の墓を覗いて、どうするの」

李芳一は現状では取材は容易ではないことを、きついジョークで示唆した。たとえ北朝鮮へ入国しても、テレビカメラによる映像取材は自由にできないことを予測させた。逆にいえば、企画案に李芳一は「できないことはできない」とはっきり返事し、北朝鮮でテレビカメラによる取材にメドが立った。こうして総連大阪の国際部長とテレビ局報道部長との話し合いは友好ムードで進んだ。

こうしたきっかけで、わたしは十三の小さな焼鳥屋によく出かけることになった。とはいえ、仕事のために出入りしたのではない。焼き鳥がおいしかったからであった。湯引きしない皮は脂がこってりと乗り、強い火力の備長炭で一気に焼き上げる焼き鳥はパリッとした触感で、ビールがすすんだ。

「皮はね、湯引きすると焼く方はラクなんやけどね。湯引きしないでそのまま焼いた方がずっとおいしいからね。だから、ウチでは皮を湯引きしないの」

マスターは、こう説明する。決して自慢げではなく、ゆっくりと説明してくれるので、その人柄が焼き鳥のうまさを増進した。

八二年四月のピョンヤン取材は、大阪駅から寝台特急で新潟に向かい、新潟港から貨客船「三池峰号（サムジヨン）」で北朝鮮の元山港（ウオンサン）へ入る段取りであった。

夜の大阪駅には、報道部長の高井輝三、結婚したばかりのわたしの妻のほか、総連大阪から李芳一が見送りに来た。李芳一は妻に声を掛けた。

「みんなは、「北は大丈夫。安心や」というけど、そんなことないでぇ」

李芳一の真意がどのへんにあったか、李芳一が鬼籍に入った今では確かめようがない。新婚二ヵ月で、一ヵ月間家を空ける出張に、妻はただでさえ心細かったのに、国際部長のきつい冗談でよけいに心配になったわと、帰国後、わたしに苦笑混じりで打ち明けた。

アプロの会

「いっしょに朝鮮について話をしませんか」

北朝鮮からの帰国後、記者仲間から勉強会に誘われた。「アプロの会」という。共同通信の斎藤茂男ら、大阪の司法記者クラブの記者たちがメンバー。朝鮮語の「前へ」から名前を取った勉強会で、会場の一つが十三の一平であった。

世話役を在日朝鮮人ジャーナリスト、李哲秀（リ・チョルス）が務めていた。李哲秀は、浮島丸事件のスクープ記事で知られる朝鮮新報の記者だ。

浮島丸事件は、遭難者数が五四九人（政府発表）、戦後の海難史上、洞爺丸事故に次ぐ数である。終戦直後八月二四日、青森県から朝鮮人引揚者を乗せ釜山に向かっていた海軍特設輸送艦浮島丸が、京都府の舞鶴港沖合で突然爆発、海軍はアメリカ軍の機雷による事故と発表した。しかし現場は水深が浅く、B29爆撃機が上空から機雷を落とせば現場のような浅い水深では爆発してしまう。むしろ朝鮮人を送り届けた後、釜山でのリンチを恐れた日本軍関係者が人為的に爆発させた疑いが濃いと、李哲秀は書いた。

アプロの会での李哲秀とマスターの接し方から、わたしは二人が古くからの知り合いに見えた。こうして二つの偶然が重なり、わたしは一平に出入りするようになった。そして、耳にしたことが、夫徳秀が吹田事件で逮捕されたとのウワサであった。ところが、本人に確かめようにも、「そんなことは話せないの」という拒絶しか返ってこなかった。

まずは、事典を調べた。最初に調べたのは『日本史辞典』（岩波書店、二〇〇二）で、吹田事件の記述はない。続いて、『朝鮮を知る事典』（新訂増補版平凡社、二〇〇〇）を見たがこちらもない。『世界大百科事典』（CD-ROM版平凡社、一九九八）を調べたら、ようやく記事があった。

「吹田事件　すいたじけん

大阪府吹田市で学生、労働者、朝鮮人などが起こした事件。一九五二年六月二四日夜、豊中市の大阪大学北校校庭などで、「朝鮮動乱二周年記念前夜祭」として大阪府学連主催の「伊丹基地粉砕、反戦・独立の夕」が開催されたが、この集会に集まった学生、労働者や朝鮮人など約九〇〇名は翌二五日午前零時すぎから吹田市に向かい、国鉄吹田操車場を経て吹田駅付近までデモ行進をおこなった。その際、警官隊と衝突、派出所やアメリカ軍人の乗用車に火炎びんや石を投げつけ、また途中、阪急電車に要求して臨時電車を運転させ「人民電車」と称して乗車したり、吹田操車場になだれ込んで二〇分間にわたって操車作業を中断させたりしたなどとして、一一一名が騒擾罪や威力業務妨害罪などの容疑で逮捕、起訴された事件。日本を基地としてアメリカ軍が朝鮮戦争をおこなっていた時期に起こった一連の実力行使による反戦闘争のひとつ」

吹田事件がいわゆる三大騒擾事件の一つだと判った(騒擾罪はのちに、騒乱罪と表記が替わる)三大騒擾事件は、他に東京のメーデー事件(五月一日)、名古屋の大須事件(七月七日)である。いずれも五二年のできごと、日本がサンフランシスコ講和条約で主権を回復した日(四月二八日)から破防法(破壊活動防止法)が本格的に施行されるまでのわずか二ヵ月余りに集中している。

三大騒擾事件の時代背景を考えてみる。

日本が戦争に敗れ、はじめは打ちひしがれていた日本国民はやがて敗北を冷静に受けいれた。アメリカは日本に勝った後、二度と日本がアメリカの脅威とならない国にするための政策を採用した。「非軍事化と民主化」が対日占領政策のキーワードであった。農地改革、労働組合の奨励、財閥解体など一連の民主化政策が実施され、かつて日本軍国主義を支えた、古い社会構造の解体が進んだ。

しかし、米ソ冷戦の激化がこうした対日占領政策を転換させた。四七年三月、アメリカ大統領トルーマンがトルーマン・ドクトリンを発表、ソ連との対決姿勢を鮮明にしている。

一九四八年を前後して、アメリカは対日占領政策を転換した。この政策転換は「逆コース」と呼ばれた。三大騒擾事件はこうした「逆コース」によって、それまで進められてきた民主化が、冷戦の下に国家主義的な方向に変更される時期に起きた。

北朝鮮の軍事パレード

金日成主席生誕七〇周年の記念行事取材(八二年)をきっかけに始まった、北朝鮮取材はその後も続けられた。北朝鮮兵士の亡命をきっかけに日本人船員二人を人質にした第十八富士山丸事件が起きたのもこのころ(八三年)。紅粉(べにこ)船長の留守宅は神戸市須磨区内にあり、船長の峰子夫人を訪ね、家族からの荷物を北朝鮮に届けたりした。

八〇年代日朝間では、日本社会党を中心とした交流がかろうじて水面下で細々と続けられていただけであった。第十八富士山丸事件をきっかけに、九〇年、自民党の金丸信・元副総裁が北朝鮮を訪問し、紅粉船長と栗浦機関長の二人は無事家族の許に帰り、日朝政府間交渉がいったん始まった(日朝政府間の国交正常化交渉は、大韓航空機事件のキム・ヒョンヒの日本語教師役、リ・ウネの存在をめぐって決裂する)。

八九年、ドイツ・ベルリンの壁崩壊をきっかけに、ヨーロッパでの冷戦構造は音を立てて崩れていった。冷戦の崩壊は、北朝鮮にも大きな波となって襲った。ソ連が崩壊し、ロシアはそれまで北朝鮮に友好価格で売っていた原油を、一挙に三倍の国際価格に引き上げた。そのため、ただでさえ苦しい北朝鮮経済は深刻なエネルギー不足に見まわれた。

金日成主席生誕八〇周年の記念行事取材(九二年)のため、わたしは北朝鮮へ五度目の訪問を果たした。

事前に日本国内のあるニュースソースから、ピョンヤンで軍事パレードが行われるとの秘密情報を耳にした。行ってみたら、その通り朝鮮人民革命軍創設六〇周年記念の大規模な軍事パレードが行われた。ピョンヤンで直接取材できたのは、わたしたちのテレビクルーと共同通信など計三社だけであった(いまでも北朝鮮の軍事パレードの映像がニュースでよく流れるが、そのほとんどはそのときのものである)。

翌五月始めには、ロシア、中国と北朝鮮の三ヵ国の国境を流れる、豆満江一帯を現地取材できたので、帰国後、わたしは日曜日夕方『JNN報道特集・北朝鮮の軍隊と豆満江開発』でリポートを放送した。

「軍事パレードの兵器を点検すると、朝鮮人民軍に電子兵器はほとんどなく、湾岸戦争で威力を発揮したアメリカ軍の最新鋭電子兵器に対して、朝鮮人民軍は一週間ももたない」と、軍事評論家、江畑謙介のインタビューを中心に放送した。

TBSでのスタジオ生出演を終え、大阪に帰ってまもなく、わたしは久しぶりに十三の一平を訪ねた。北朝鮮での土産話をするためである。カウンターに座り、おしぼりで顔をふき、ビールでノドを潤し、北朝鮮で撮影した写真を一平のマスターに手渡した。その時である。カウンターの中にいる、社長が大きな喚声を上げた。

「ウチの嫁やないの」

社長の一言に、マスターも鳥の串を焼く手をしばらく休め、わたしの写真に見入った。そこには、北朝鮮に単身で渡った夫徳秀夫妻の長男と結婚した女性の姿がしっかりと写っていたのだ。何という偶然。わたしは、世間は本当に狭いと感じたと同時に、ウソのようなその偶然を喜んだ。

わたしたちの取材クルーが南は板門店、北は豆満江に至るまで一ヵ月間あちらこちらを取材し、時に軍事パレードをめぐってテレビカメラをどこに設置するかといった、相当にデリケートな問題を北朝鮮政府に要求した。そのコーディネートを担当したのが、当時、朝鮮国際旅行社に勤めるマスター夫妻の義理の娘であったのだ。

「この娘はよく気のつく子でねぇ。気だてがいいだけでなく、頭の回転が早いのよ」と、一平の社長は、嫁をベタ誉めにする。もっとも、北朝鮮国内でわたしたちの無理難題の取材要求に、彼女がちゃんとコーディネートしてくれたことを知っているので、一平のマスター夫婦の誉め言葉は、単なる身内のお手盛り評価とは思えなかった。

九二年の北朝鮮取材をきっかけに、家族の一員にでもなったように感じた。

北海道・朝日温泉

一平を根城に集まる新聞記者の集まり「アプロの会」のメンバーに、森潤という硬骨漢の社会部記者がいた。森潤は読売新聞の大阪進出時期(五二年)の直後に記者となり九〇年に定年退職するまで、その記者生活の多くを大阪読売の華と言われた社会部に籍を置いていた。特に大阪の司法記者クラブ在籍の期間が長く、吹田事件の裁判を長くウォッチしていた。

その関係で、夫徳秀とも顔見知りの間柄であった。

森は温泉と酒が大好き。そしてわたしもその両方が大好きと合って、ひょんなことからわたしたち二人で晩秋の北海道を旅した。

紅葉の時期、レンタカーをわたしが運転し二人で日本海方面に向かった。岩内の酒屋で地酒を買い、日本海から切り立った崖を小さなレンタカーで登ることおよそ三〇分、雷電山の麓に位置する朝日温泉に投宿した。峠へ通ずる細い道の脇に、大人が数人入ればいっぱいという小さな風呂があった。森潤と二人ゆっくりと湯船につかると、石を敷き詰めた湯船の底から、小さな気泡をともなって少し熱い湯が噴き出た。

「なあヒデさんよ、気がかりなことがあるんや。二年後が吹田事件からちょうど五〇年目やろ。ここらで吹田事件の勉強会を始めないか」

見上げると紅や黄色に染まった木々の葉が、逆光に美しく映えていた。

「でも森さん。夫さんは店ではなかなかアイソはいいけど、肝心な自分の体験は話しませんよ。わたしも一度ならず二度三度、昔の話をして欲しいと頼みましたけど、あきませんでした」

「そうしたらヒラノさんに一度相談してみようか」

森潤が「ヒラノさん」と名前を挙げたのは、森潤の先輩で、朝日新聞大阪本社の社会部の元記者、平野一郎のことである。新聞記者は会社の同僚より、同じ記者クラブで同じテーマを追いかけた、記者仲間の方が親しくなることがある。

大阪に帰ってから、森潤が平野一郎に連絡、こうして「吹田事件研究会」がスタートすることになった。森潤と平野一郎の二人は、一平のマスターと裁判当時からの顔なじみ、年代も同じということで、この二人が研究会のリーダー役となった。

わたしはわたしで、自分が生まれた当時のことを知りたかった。

「吹田事件研究会」の行く末は心許なかった。何せ吹田事件の関係者のほとんどが口をつぐんだままだから。

わたしは吹田事件研究会スタートにあたり、ある人に相談を持ちかけた。大阪の近現代史に詳しい大学教授である。自宅に電話をかけ、二人で会った。

「先生、吹田事件のことを勉強したいんですわ。どうしたら、よろしいでしょうかね」

こうわたしが尋ねると、大学教授は一瞬困った表情を見せた。

「うーん。それはやっかいなことを始めるんやねえ」

しばらく絶句したその表情に却ってわたしの方が動揺した。

「キミが善意で調べるいうても世間ではゲスの勘ぐり言うて、何で今ごろやっかいな事件を調べるんやろ、と言うで。キミも知ってると思うが、吹田事件当時の在日朝鮮人の運動は日本共産党の指導のもとにあった。ところが当時の日本共産党と言えば、いわゆる「五〇年問題」いうて、党指導部が二つに分裂しいわゆる極左冒険主義を採用していた時代のことや。だから結果的に共産党攻撃に使われかねないわけや」

こう親切に説明を受けると、いくら世間を知らないわたしでも「ああ、やっかいな事件なのか」と納得しないわけにはいかなかった。

もう一つ、がっかりすることがあった。戦後史に詳しい在日朝鮮人の研究者がいた。大学に残るつもりが予備校の教師になった変わり種だが、こんな提案があった。

「戦後のことだから、アメリカ軍関係の資料をあたったらどうでしょうか。確か、ワシントンのナショナル・アーカイブスの資料を、日本の国会図書館の人がマイクロフィルムに写して、日本国内にもってきたはずで。そのマイクロフィルムを京都の立命館大学が一括して購入したはずです」という。

早速、知り合いの立命館大学の教授に電話で依頼した。しばらくして答が返ってきた。

「西村さん、あかんわ。吹田事件はサンフランシスコ講和条約で日本が独立した後の発生やろ。だから、本当はアメリカ軍に資料があるかもしれへんけど、立命館の購入したモノのなかには、吹田事件の関係資料はないと、担当教官からさっき連絡があったわ」

立命館の資料に期待していただけに、相当にがっかりした。とにかく事実を一つ一つ積み重ねていかなければと、肝に念じた。途遠しという印象ばかり。ちょっとめげた。

わたしは基礎的な資料を集めたいと思いたち、まずは新聞記事を探すことにした。

大阪市営地下鉄・御堂筋線の梅田駅を南下、なんば駅で千日前線に乗り換え西に二つ目。西長堀駅は、改札口を出た地下一階がそのまま大阪市立中央図書館の地下入口に直結している便利な駅である。

エレベーターで三階に行くと、そこは郷土コーナー。『大阪府警史』や『民団大阪三〇年史』(在日本大韓民国民団・大阪府地方本部発行、一九八〇)など興味深い図書を開架式の本棚から自由に手に取ることができる。

どの全国紙も縮刷版は東京本社発行分を収録している。だから、地方で起きたことはその地方の図書館に行く必要がある。大阪で起きたことは大阪の図書館で調べるのが一番。地方版は書庫に入っていた。カウンターで用紙に必要事項を記入し請求した。やがて、書庫の奥からマイクロフィルムが出てきた。

「これしかオリジナルはありませんから、大切に扱ってくださいね」と念を押された。マイクロフィルムの読み取り機で過去の紙面を写しながら、縮刷版と比べた。

事件が起きた六月二五日をチェックすると、夕刊の一面と社会面のほぼ四分の三を占める。終戦直後二ページで出発した新聞は、戦後五年経ち、朝刊も夕刊もページは増えたがそれでも四ページだけ。その中で吹田事件の記事が東京版も大阪版も両方の社会面に大きく載っていた。それほどの大事件であった。

夫徳秀の逮捕

発生翌日の紙面を点検してハッとした。一平のマスターの記事が載っていたからだ。東京版にもきちんと載っていた。

「首謀者?を逮捕

【大阪発】二十五日朝大阪の国電城東線鶴橋駅で無賃乗車の疑いで東成署員に逮捕された大淀区南浜町三丁目日雇人夫夫徳秀(二三)は、民主愛国青年同盟大阪本部委員長で、大阪警視庁では吹田操車場デモ事件の首謀者の一人でないかとみて調べている」(朝日新聞東京本社、六月二六日付)。

そうなんだ。一平のマスターは、発生当時から首謀者と目されていたことが判った。しかも「民主愛国青年同盟」の大阪本部委員長。これは興味深いと思った(ちなみに城東線というのは、現在のJR環状線のこと。大阪警視庁という名称も終戦直後の警察制度を感じさせた。民主愛国青年同盟は、当時の在日朝鮮人組織「民戦＝在日朝鮮統一民主戦線」の青年組織のこと)。

新聞には四段抜きの大きな大見出しが踊っている「前夜祭のデモ隊暴れる／「人民電車」を動かす／朝鮮動乱二周年の大阪　吹田で警官隊と乱闘」(朝日新聞東京本社、五二年六月二五日夕刊)。

リードを引用する。

「【大阪発】朝鮮動乱二周年記念日の『前夜祭』といわれた大阪府学連主催の『伊丹基地粉砕、反戦、独立の夕』は二十四日夜八時四十分から豊中市柴原の米軍刀根山区域に隣接する阪大北校グラウンドに北鮮(ママ)共(引用者註：北朝鮮共産党の意)、学生、自由労組など約一千名が集って開かれ、集会は気勢をあげて終ったが、夜がふけるとともにデモ隊は吹田市を中心に各所に分散出没し、出動した八百名の警官隊を悩ませた。デモ隊は阪急石橋駅に押しかけて〝人民電車〟を運転させて乗りこみ、吹田操車場になだれこんで、警官から奪ったピストルを発射したり、派出所を襲って破壊したり、火炎ビンや硫酸を投げつけるなど暴行を働き、警官隊もピストルで応ずるなど双方に負傷者を出した。警官隊はデモ隊に虚をつかれた形で吹田市警、大阪警視庁は二十五日午後二時までにデモ隊六十名を逮捕した。負傷者は警官側が四十二名(うち重傷六名)デモ隊は十一名(うち重傷六名)合計五十三名を出した」

吹田事件研究会

森潤が司法記者クラブの先輩記者、平野一郎に声をかけ、研究会のスタートが決まったものの、肝心の夫徳秀の意向はなかなか判らなかった。

久しぶりに阪急十三駅前の路地を訪ねたとき、大阪は北風が吹く季節になっていた。

赤ちょうちんを目印に十三の狭い横丁を歩くと、ガラスの風防越しに炭火で鳥を焼くマスターの姿が見えた。ガラス戸を引き、マスターと話ができる一番入り口に近いカウンターの席にちょこんと座る。

「きょうは広島から生のカキが入ったよ。ぷりぷりのやつ。おいしいよ」と、カウンターの奥から社長が笑顔でわたしの好物を勧めてくれたので、早速、生カキを注文した。お湯割りの焼酎をゆっくり舐めながら、おそるおそる本題を持ち出した。

「今度、吹田事件の勉強会を始めます。マスターの体験談を聞かせてくださいよ」

「うーん。そんなことは、まだ話せないの」

「実際は一〇人くらいの勉強会ですから、気楽に来てくださいよ」

とはいえ、取り付く島のなかった以前と違って、顔は柔和な表情に変わっていた。少し脈はあるかなというニュアンスだった。マスターの心の壁も少しずつ低くなっているだろうか。

「ほんなら、聴くだけなら参加するわ」

ほほう、そうきたか。思わず、焼酎のお代わりを頼んだ。一歩前進だなと納得し、深追いは禁物と自分にいいきかせた。お勧めの生カキはさすがにおいしかった。が今一つ、わたしの心は晴れなかった。

研究会の開催は土曜日と決まった。土曜は一平が休みで、マスターが参加できるからだ。参加者の多くは、平野一郎と森潤が直接、電話で呼びかけた人々で、その多くは二人の昔の司法記者仲間であった。朝日、読売の他、毎日新聞、共同通信、NHKを退職したOB記者が大半であった。ほとんどのメンバーが六、七〇歳代。世話係のわたしが一番若くてかろうじて五〇歳という顔ぶれである。

会場は、メンバーの住まいが関西一円に分散しているため、集合しやすい大阪駅周辺を探し、結局、阪急梅田駅から歩いてわずか三分という便利なアジア・ボランティア・センターに決まった。

二〇〇〇年一二月、準備会というか、最初の会合が開かれた。会場はビルの四階。会場費が安い理由がよく判った。エレベーターがないのだ。参加者は四階までゆっくり歩いて登った。一平のマスターは腰を痛めており、階段を上がるのに、踊り場で何回か休まなくてはならなかった。デモ隊の最先頭にいたはずの夫徳秀の雄姿とはちょっとほど遠い姿ではある。歳月の流れを感じさせた。前途多難を思わせたが、こうして吹田事件研究会はスタートした。

第一章　吹田事件

山田村を行進するデモ隊(『「吹田事件」と裁判闘争』より)

一　吹田操車場へのデモ行進

事件当夜のデスク

平野一郎は、吹田事件当夜、中之島にある朝日新聞大阪本社の社会部で、現場の記者からあがってくる原稿を紙面にまとめるデスクのサブ業務を担当した。平野は一九二四年というから大正一三年生まれ、今年八〇歳。大阪本社の社会部長、名古屋本社の編集局長などを経験した研究会の最長老である。真っ白な髪と温厚な話しぶりが会をなごやかなものにした。

吹田事件研究会で、平野が事件当夜のことを話し始めた。事件当時、平野は二八歳。

「大阪大学のグラウンドでの集会は事前に予告され、われわれも判っていたからカメラマンと記者を派遣した。集会の名称(『伊丹基地粉砕、反戦・独立の夕』)から当時のアメリカ軍イタミ・エアベース、今の大阪空港ね。それから豊中市の刀根山(とねやま)にあったアメリカ軍の将校住宅に向かうと思っていたの。しかし、アメリカ軍の基地を襲えば、アメリカ軍人はカービン銃を持ってるからね。デモ隊に向け発砲するやも知れんと思って、僕らも中之島の本社で一晩中、緊張してあちらこちらからの連絡を待っていた。それでもデモ隊の行方はなかなか判らなかったし、警察もそうだったと思うよ」

結局あとで判ったことであるが、当日のデモ隊の行動は、大きく分けて四つあった。

(一)大阪大学豊中キャンパスでの集会。

(二)デモ隊は二手に分かれ、一隊は西国街道を吹田操車場に向かう(山越え部隊。待兼山には標高七六メートルの三角点があり、北摂地方の丘陵がデモコースであったための命名)。
(三)もう一隊がいわゆる人民電車部隊。阪大近くの阪急石橋駅から臨時編成の電車で梅田駅方面に向かい、途中、服部駅で下車し吹田操車場に向かう。両方のデモ隊は山田村(現在の吹田市山田)で合流する。
(四)デモ隊は国鉄吹田操車場構内を行進し、その後、国鉄吹田駅で警察官と衝突、警察官が発砲し、デモ隊は火炎ビンでの応酬の後、一部のメンバーが逮捕された。
平野が、当時の朝日新聞の記事を紹介した(六月二五日付夕刊)。

「集会は二十四日午後十一時二十分終ったが、学生五百、朝鮮人六百の参会者は解散せず、新聞社の写真班からフィルムを奪って火中に投げ報道陣を容易に寄せつけなかった。二十五日午前零時半竹ヤリ、コン棒を持った約四百名の学生、朝鮮人の一団が押出し、午前一時ごろ阪急石橋駅に流れ込み、真鍋同駅長に「臨時電車を出せ」と要求、上りホームを埋めてアカハタを振り労働歌を歌い、ラムネ爆弾を線路に投げつけて気勢をあげた」

鉄道会社は当惑していた。

「阪急側ではついに「関係官庁の事後承諾を求めることにして」(荒木課長談)四両連結の臨時電車を出すことになったが、デモ隊はさらに無料の「人民電車」を走らせろと約二時間もんだのち、結局石橋〜大阪間二十円の「団体割引運賃」で妥結、三百八十四名が切符を買って午前三時五分大阪に向けて出発した」(どさくさに紛れて無賃乗車したものが多数いたことになる)。

警察官の当惑はこのあとだ。

「この報に大阪阪急梅田駅では大阪警視庁から機動隊一個中隊を出動させて駅を取囲み、別に曽根崎署から百名が構内を固めて待かまえたが、午前三時二十分ごろ服部駅でデモ隊全員が下車、行方をくらましたので電車は十三駅で取消しとなり、警官隊は完全に肩すかしを食った」

新聞社も行方不明のデモ隊を追って、あちらこちらに情報を求めていた。

「なお石橋から発車したデモ隊の電車を警戒のため電車に平行して走っていた朝日新聞社のラジオカーは午前三時十分ごろ電車から投石され窓ガラスを壊され、I運転手(二三)は軽傷を負った」

この後、デモ隊と警察隊は、はじめて衝突した。

「二十五日午前五時五十分ごろ遂に国警大阪管区警察学校と吹田署の警官二百名が新京阪国道沿いの吹田市岸部山で約五百名のデモ隊と出くわし、警官側から解散を申入れたがデモ隊は午前六時半吹田操車場構内へ流れ込んだ」

ついに、デモ隊は目的地に到着した。

「このため吹田操車場では機関車の入替作業が約三十分中止された。このころからようやく小競合いや衝突が起り、七時十分茨木市署員を乗せた自動車一台が付近の小路町でデモ隊に包囲され、硫酸や火炎ビンを投げつけられて警官十二名が火傷を負い、ピストル二丁を奪われた」

このあと、吹田駅で大きな騒ぎが起きる。

「さらにデモ隊の約三百名は午前八時吹田駅へ殺到、停車中の米原発大阪行九一一通勤列車の七、八両目に飛乗り、満員の乗客の中にもぐり込んだので、警官隊が列車内にふみ込んだ。デモ隊はさきに警官から奪ったピストルを発射、持っていた火炎ビンを投げつけ、警官隊もピストル数発を発射応戦した」

吹田駅での混乱はまだ続く。

「このため百数十名の乗客は窓から飛出し、ホームを逃げまどう女、子供の悲鳴に駅内外は大混乱に陥った。この衝突でデモ隊に重傷者五名、警官側にも二名の負傷者が出た。同列車が十四分停車の後、八時二十六分大阪駅四番ホームにすべり込むと大部分はそのまゝラッシュ・アワーの一般乗降客にまぎれて改札口を出て大阪市内へ散ってしまった」

事件はこれだけで収まらなかった。

検察庁は捜査方針をはっきりと打ち出した(翌二六日付朝刊)。

「ソウジョウ罪を適用」と見出しは三段抜き(カタカナ表記は、漢字表記の制限のため)。

「大阪地検では二十五日午後、吹田駅一帯の現場検証を行った結果、ソウジョウ罪を適用して捜査することにきめ、同夜六時半市丸検事正室に阿部国警大阪府本部隊長、大阪警視庁田中総監ら捜査首脳が捜査会議を開いて徹底検挙に乗り出した。なお同日最高検から大阪高検あてに「ソウジョウ罪として徹底的に捜査せよ」との指示があり、渡辺検事長もオブザーヴァーとして会議に列席した」

この記事には、大阪地検・市丸検事正のコメントが最後に載っている。「「人民電車」といゝ、放火、ピストルを奪うなどかつてない悪質なソウジョウ事件」という。

学生新聞

一方、別の資料を森潤が見つけた。森潤は三〇年生まれ、平野より五歳、夫徳秀より一歳年下。岡山出身で、吹田事件当時は同志社大学の学生で、同志社大学新聞で記者として活躍していた。その森が自宅から当時の学生新聞をもってきた。

森によると、当時の学生新聞はニュースを大事にし、学生運動の大きな現場には各大学の新聞で任務分担して共同で記事をまとめたという。大阪大学、関西大学、大阪市立大学など在阪の学生新聞が共同して「労学共同デスク特報」(五二年六月二七日号)を発行したが、学生新聞の記者は人民電車に乗り込みデモ隊と行動を共にしたため、全国紙には見られない記述があった。

「デモ隊は(人民電車の)車中「吹田に向かう」伝令に三時二〇分服部駅構内に電車が滑り込むとなだれを打って全員下車、待機中のリーダー、吹田七百名のデモ隊は吹田を目指して夜行軍を行った。

商業新聞で姿を消したと報じられているのはこのことであるが、商業新聞の記者は一名も参加して居らず、自分達が知らない為にかく報じたものと思われる」

ここで興味深いのは、電車の中で「吹田に向かう」と伝令があり、服部駅にリーダーが待機していた、という事実である。吹田事件のデモ計画が相当に入念に練られた計画であったことが、判った。

学生新聞の引用を続ける。

「午前四時を過ぎる頃になり、夜空の星もほとんど消え失せ、東方の空が白々と明け始めた。午前四時三〇分頃より、今までの沈黙を破って「インターナショナル」「朝鮮遊撃隊」を太鼓に合わせて歌い出し吹田高校を通過し、七曲がりの田圃を進む時には一列になって行進したが、人と人の間に切れ目もなく千米以上に及ぶ人の帯を作り一大壮観を呈した。五時頃には別働隊(山越え部隊)三百五〇名がこれに合流してその数は一千百名に上るデモ隊となった」

わたしは、八九年北京の天安門事件の際、天安門広場で徹夜取材した経験がある。胡耀邦・中国共産党前総書記の葬儀の日（五月四日）の午前三時、天安門広場の南・前門（チエンメン）と北・天安門の両方から三〇万人のデモ隊が同時に「インターナショナル」を中国語で歌いながら赤旗を先頭に入場して来た。この時、わたしはこの学生運動が相当に組織だっていると感じたことを思い出した。

現代なら携帯電話で互いに連絡が取れるであろう。しかし、五〇年前のできごとである。分かれたデモ隊が定刻に定位置に集合する。警察官の監視を免れての行動だけに、事前に相当綿密に計画を立てた、組織的な行動だと容易に想像できた。

二　日本共産党・大阪大学細胞キャップ

最年長のビートルズ世代

吹田事件研究会がスタートしたころ、あちらこちらでいろいろな人々に協力をお願いした。それをきっかけに思わぬ人に巡り会うこともあった。吹田事件当時の、日本共産党豊中キャンパスの細胞キャップを知ったのは、そうした偶然からであった。

魚住昭の講演会が大阪市内で開かれることになり、吹田事件研究会のメンバーに誘いがあった。魚住はかつて共同通信で大阪の司法記者クラブや東京地検特捜部担当を経て、のちにノンフィクション作家として『渡邊恒雄・メディアと権力』（講談社、二〇〇〇）や『特捜検察の闇』（文藝春秋、二〇〇一）など優れた作品を書く。魚住の講演会に森潤やわたしも参加したが、このとき珍しい人に巡り会った。

講演終了後、ビル地下にある小さな居酒屋で二次会が開かれた。講演した魚住昭や主催の弁護士たち、それに森潤やわたしも誘われるまま遠慮なくおじゃました。

その二次会の際、自己紹介を兼ねたあいさつで、わたしが「吹田事件の勉強をしています」と述べたことから、講演会の主催者のF弁護士がわたしのテーブルにビールびんをもってやってきた。わたしは伊方原発裁判の取材を通じて、F弁護士を以前からよく知っていたから、話は早かった。わたしにこっそりと耳打ちした。

「西村さん、当時の日本共産党の大阪大学細胞キャップを知ってるよ」という。

さすがに、「エエッ」と、思わず声が出た。「F先生。一度、紹介して下さいよ」

酒の席でもあり、その場で詳しい話もできず、結局、翌日弁護士事務所に電話をかけることでその場は終わった。

翌朝、さっそくF弁護士の法律事務所に電話をかけると、勘のいいF弁護士はすでに本人に意志確認の電話を終えた後であった。「本人も「会ってもいいよ」と言っている」との返事であった。早速、その人の自宅の電話番号を教えてもらい、すぐに電話でアポイントメントを取った。

JR大阪環状線の京橋駅にある、ホテル京阪の喫茶室が待ち合わせの場所であった。土曜日の朝、わたしが喫茶室に入ると一人の男性が寄ってきた。

「西村さんですか？　秦です。秦政明（はたまさあき）」と自ら名乗った。

「秦さんですか。わざわざ出てきていただいて本当に恐縮です。ありがとうございます」とあいさつしながら、相手の服装を見ると、吹田事件当時の学生だから単純に二〇歳として五〇年を足しても、七〇歳のはずなのに、髪こそ少し薄くなっていたが、ブルージーンズに黒い革のコート、足下はブーツという若々しい装いであった。

秦は戦後最大級のヒット曲「帰ってきたヨッパライ」のフォークルや岡林信康など多くのミュージシャンをプロデュースし、フォークの一時代を作った張本人の一人だと判った。

七〇歳過ぎても服装にその面影は残っていた。開口一番、秦がＦ弁護士との関係を語り出した。

「わたしは最年長のビートルズ世代なんです。わたしは大学卒業後、ほとんど音楽関係でメシを食ってきました。六六年ビートルズが来日したときには、わたしが大阪の音楽関係の新聞記者を武道館に連れていったほど、ビートルズが好きでした。

わたしが編集人の雑誌『フォークリポート』に、フォークシンガー中川五郎の小説「二人のラブジュース」を掲載しましたが、七一年警察にわいせつ容疑で検挙され、その裁判の弁護人がＦ弁護士です。以来弁護士と被告の関係です。裁判は弁護士がよかったせいか(笑)一審では無罪を勝ちとりました。もっとも控訴審では逆転敗訴、最高裁は上告棄却で有罪が確定しましたがね」と笑顔を見せながら説明した。

イムジン河

わたしも音楽の話題をもちだした。

「この間、ＮＨＫの紅白歌合戦で、韓国の女性シンガー、キム・ヨンジャさんが「イムジン河」を歌いましてね。情感がこもっていてとってもよかったですよ。彼女の歌唱力もすごいけど、歌に歴史があるというか、歌の力ってすごいですよね」と切り出した。

「それは見たかったなぁ。ここ一〇年音楽の世界とは縁を切って、紅白を見てへんわ。フォークルが歌った「イムジン河」を紅白がやるとはね。時代が変わった。時代がようやくわたしに追い付いたんだと、実感するね」

フォークルというのは、フォーク・クルセダーズのこと(はじめフォーク・クルセイダーズと表記した)。秦はフォークルの所属する音楽事務所の社長を務めた。

「わたしがフォークルの二曲目のシングルレコードとして「イムジン河」を発売しようとした矢先、朝鮮総連から著作権の問題でクレームがついたんですわ」とちょっと苦笑しながら話を始めた。

秦政明は、大阪大学を卒業後、財団法人大阪国際フェスティバル協会の臨時職員に採用され、これをきっかけに音楽の世界の住人になる。秦はボブ・ディランの「風に吹かれて」をはじめて聴いた時大きなショックを受けた。この曲が縁でプロテスタント性の強いフォークの世界に引き込まれていった。フォークシンガーの高石友也と出会ったのが六七年。すぐに自宅に高石を居候させ、会社「高石音楽事務所」を設立し労音など労働者向けのコンサートを企画して、ミュージシャンの面倒を見た。「高石音楽事務所」に所属した音楽家には、高石やフォークルのほか、岡林信康、五つの赤い風船、さらに、ジャックス(早川義夫)とか「はっぴいえんど」(松本隆、大滝詠一、細野晴臣[のちYMO＝イエローマジックオーケストラを結成])などが含まれていた。現代日本のポピュラー音楽の源流を作るその手助けをする。ここには重要なミュージシャンが数多く含まれている。

フォークシンガーなぎら健壱が書いた『日本フォーク私的大全』(筑摩書房、一九九五)によれば、六七年一一月ラジオ関西(神戸)がフォークルの歌った「帰ってきたヨッパライ」を放送した。「オラは死んじまっただ」と早回しのテープで繰り返す部分が心に残る曲である。東芝が発売元に決まり、二八〇万枚を売り当時としては戦後最大のヒットになった。そのフォークルの二曲目が「イムジン河」である。一一月から二ヵ月間、近畿放送（京都）が「イムジン河」を放送した。

秦はレコード会社ＵＲＣを作り（六九年一月）、「イムジン河」を第一回目の発売リストに加えた。会社名のＵＲＣは「アングラ・レコード・クラブ」の略称である。当時は被差別部落などへの差別表現が無自覚なまま、ほとんどチェックもなくそのまま放送されていた時代で、被差別者から激烈な糾弾を受けた。このため音楽業界はレコード倫理規定（通称レコ倫）を作り、画一的に歌詞などをチェックし始めた。こうした規制に反発して、秦はもっと自由に表現するため、会員制レコード会社という新しい方式を試みた。

「わたしたちは、すぐれてはいても商業ベースにのり得ないものを集めて、わたしたち自身の手でレコード化し、クラブ員のみを対象として、レコードを制作配布します」

秦はこう宣言をした。その自由な雰囲気が多くのヒット曲を生んだ。六九年二月、ＵＲＣレコード第一回配布で「イムジン河／リムジンガン」が発売された。アメリカ国内ではベトナム反戦運動が、また、フランスではパリの学生が学生街カルチェラタン（ラテン地区）を占拠した。学生運動は日本にもあっという間に伝わった。フォーク音楽はそうした時代の推進役であり、時代の申し子であった。

秦政明は自分の「フォークリポート」わいせつ裁判で意見陳述書に「日本の歌が到達した最高峰」として次の歌を引用している。その曲は秦がプロデュースした、岡林信康の「私たちの望むものは」だ。秦の思い入れの深い重要な曲である。

私たちの望むものは　生きる苦しみではなく
私たちの望むものは　生きる喜びなのだ

私たちの望むものは　社会のための私ではなく
私たちの望むものは　私たちのための社会なのだ
私たちの望むものは　与えられることではなく
私たちの望むものは　奪いとることなのだ
私たちの望むものは　あなたを殺すことではなく
私たちの望むものは　あなたと生きることなのだ

著作権の表記問題

「イムジン河」はもともと北朝鮮で作られた反戦歌だが、やがてフォークルが歌い日本中に広く知られることになる。この歌を世に送り出すきっかけを作ったのは、三人グループのフォークルで第四のメンバー、作詞家の松山猛である。松山はこの曲を初めて耳にした経緯を次のように紹介している（松山猛『少年Mのイムジン河』木楽舎、二〇〇二）。

松山は五二年生まれ、京都東山の泉涌寺（せんにゅうじ）（天皇家の菩提寺）界隈で育った。このあたりはまた在日朝鮮人が多く暮らす町でもある。在日朝鮮人が北朝鮮に帰国するころ、中学生の松山少年は友だちが通う朝鮮中高級学校に向かった。

「そのときでした。どこかの教室から、あの美しい歌が流れてきたのは。どこかものがなしいメロディーは、ぼくのたましいの純情を射ぬいてしまいました」

松山は朝鮮学校のコーラス部にいた友人の姉から、朝鮮語の歌詞と日本語訳をもらい、高校生になってから、友人であるフォークルのメンバーに歌うように依頼した。

フォークルのメンバー・きたやまおさむは、発表当時を次のようにふり返る。

「今も目をつむると聴こえてくる。「皆さん想像して下さい。もし、大阪と東京の間のどこかで日本が引き裂かれていたら」と、司会の私が言って、加藤和彦さんのイントロで歌った私たちは二〇歳だった。若かった」

ＵＲＣレコードはイムジン河の作詞・作曲者を不明としたが、朝鮮総連はこの曲の作曲家と作詞家を明記するよう要求した。秦政明は次のように証言した。

「そもそもは北朝鮮の歌が日本で広がることを好ましく思わなかった韓国大使館がレコードの親会社に圧力をかけ、北朝鮮の歌の発売を中止した」という。

その曲が二〇〇〇年六月、金大中・韓国大統領の北朝鮮訪問をきっかけに、韓国で再評価された。韓国の人気シンガー、キム・ヨンジャがＣＤを発売し、二〇〇一年末のＮＨＫ紅白歌合戦で歌った。秦が時代は変わったと感慨にふけるのをわたしも理解できた（ちなみに、キム・ヨンジャは曲のタイトルを「リムジン江」と北朝鮮読みで表記、作詩・朴世永、作曲・高宗漢、訳詞・松山猛と記載がある）。

その「イムジン河」復活をきっかけにフォークルが再結成し、彼らの「イムジン河」のＣＤが改めて発売された。また、ミュージシャン浜崎あゆみや安室奈美恵などを擁する大手レコード会社、エイベックスがURCの復刻版を発売している。URCのもつ音楽性が高いためであろう。

皇国少年

さて、吹田事件と秦政明の関係に話を戻す。はじめに秦の経歴を簡単に紹介する。

秦は、夫徳秀より一歳年下の三〇年一〇月、大阪の都心部、高津(こうづ)に生まれというから吹田事件当時、二一歳。秦の生家は江戸時代から代々薬剤師。秦の父親も勤め先の製薬会社で新薬の開発を担当した。戦前、秦は皇国少年であった。「わたしは天皇のために死のうと決意していました」とまで言う。

秦は幼少の頃から虚弱体質で、空気のきれいな、大阪の郊外、豊中市に引っ越した。だから小学校、中学校、高校は豊中で育つ。秦は肺結核で小学校を一年休学し、豊中中学へは同級生から一年遅れて進む。四五年初夏、秦は勤労動員でアルミ工場に通う。豊中と大阪の境を流れる神崎川にほど近い工場で、秦たちは飛行機の燃料タンクを作った。工場の行き帰り、クラスごとに隊列を組み、大きな声で軍歌を歌いながら行進する毎日であった。六月アメリカ軍による大阪大空襲で、アルミ工場は焼夷弾の猛烈な攻撃を受け、炎上した。秦は防空壕で死線をさまよい、かろうじて生き抜く。大阪大空襲で豊中の家は残ったものの、大阪・高津の生家は全焼した。

八月一五日、日本の敗戦を秦政明は一四歳で迎えた。

「昭和天皇の「堪へ難きを堪へ、忍ひ難きを忍ひ」と聞いて涙がじわっと滲んでくるんですわ。戦争に負けたことが悔しくて悔しくてねぇ」

天皇のラジオ放送を聞き、秦がすぐに頭に浮かんだのは、中学時代所属していた射撃部の銃のこと。秦はすぐに豊中中学にかけつけた。もう一人、射撃部時代の友人もかけつけていた。「射撃部の銃をアメリカ軍には渡さないぞ」との思いで、二人は武器庫の鍵を壊し三八式銃を持ち出し、近くの池に投げ込んだ。敗戦の夏の暑い昼下がり、波紋だけが静かに拡がっていった。

敗戦を境に、皇国少年であった秦はマルクスの本を読みあさるようになった。

「今となって思うのは、天皇がマルクスやスターリンに変わっただけ。精神構造は一緒であったのかも知れませんね。しかし、そんな風に距離を置いてわが身を振り返ることができるのは、最近になってからのことですよ。当時は正義感で必死に運動しました」

敗戦後、大阪第二飛行場(伊丹飛行場)はアメリカ軍に接収され、イタミ・エアベースとなった。基地に近い高級住宅街はアメリカ軍の将校用住宅として接収された。この時期、秦が通った豊中高校では、基地に近いこともあって夜間アメリカ軍兵士と日本人売春婦とが使用したコンドームが、朝、教室で発見されるような状態であった。

多感な生徒であった秦は、同じ気持ちをもつ仲間を募った。占領軍への反対運動である。その仲間と反米のビラを作り、早朝、教師や生徒たちが登校する前にビラを生徒の机に配る、そんな毎日が始まった。青年共産同盟(共産党の青年組織・民青[=民主青年同盟]の前身)に所属し、まもなく党員になった。

若き共産党員は、当時、大阪市内の上二(上本町二丁目)にあった共産党大阪府本部によく通った。学校以外にも活動を拡げた。旧日本陸軍の物資を隠匿している会社を摘発する、隠匿物資摘発運動に力を注いだ。摘発のめざましい成果に、共産党中央から幹部の志賀義雄名で、感謝状を受け取ったのもこのころ。ところが、豊中高校では教師に目をつけられ、大学進学は絶望的になった。このため、教師と相談の上、秦は「転校」した。

転校先は、伯父が住む京都市内の高校であった。京都市立西京高校では、秦は学年一年下の二年生に編入し、大学進学を第一に勉学にいそしもうとした。とはいえ、秦は懲りずに西京高校でも学生運動に力を注いだ。西京高校の近くには、財閥系重工機器メーカーの京都工場や精密工業メーカーの工場があった。高校生たちはその工場でアメリカ軍用の武器を製造しているとの情報を入手した。冷戦がいつ本格的な戦争になるかもしれないとの危機感を背景に、秦は新しい高校でも仲間を募り、工場労働者へのビラまきや教室へのビラまきを続けた。

五〇年、秦は父親の仕事の関係もあって、大阪大学理学部化学科に入学する。肺結核で一年、転校で一年、合計二年遅れての大学入学であった。入学二ヵ月後、朝鮮戦争が始まる。イタミ・エアベースからはアメリカ軍の爆撃機がすさまじい轟音を立てて朝鮮に飛び立っていく。高校時代からの共産党員であった秦は、豊中市の大阪大学豊中キャンパスで、日本共産党阪大細胞キャップに任命された。

(ちなみに、細胞というのは、生物学の概念を援用した共産党のテクニカル・ターム[いわば業界用語]。広辞苑には「工場・地域などに設けられる共産党の基礎組織の旧称」。一般の人にはわかりにくいとの理由で、現在の日本共産党は使用していない)。

イタミ・エアベース襲撃計画

大阪大学豊中キャンパスは、イタミ・エアベースや刀根山(とねやま)ハウスにほど近い豊中市石橋地区に位置していた。戦前から旧制府立浪速高等学校として使われていたキャンパスを、戦後の教育制度改定に伴い新制大阪大学が使用した。

阪大豊中地区の日本共産党細胞キャップの秦政明は、伊丹空港拡張工事をきっかけに豊中や伊丹市民がアメリカ軍への反発心を強めるのを感じ取り、反米闘争を計画した。

「(朝鮮戦争が始まってまもなくのこと)刀根山ハウスを襲撃するゲリラ計画がもちあがり、火炎ビンをもって付近をうろつきました。しかしカービン銃をもったアメリカ兵が警備しているのですから、そうそう簡単なものではありませんでした。作戦を実施できずに阪大に戻った時、残念だったという思いと、やらずにすんだという安堵感と両方の入り交じった複雑な気持ちで、どっと疲れがでましたね」と証言する。その時の秦は、本当に安堵の表情であった。

秦に吹田事件研究会への出席を依頼したら、秦は「喜んで出ますよ」と快諾してくれた。

梅田で開かれた会合で秦は、開口一番次のような話を切り出した。

「わたしは、この会で過去を話すにあたって弁護士に訊いたんですよ。あの事件で責任を追及される畏れはないかって。そうしたら、弁護士が「裁判はもう最高裁まで行って、刑は確定していますから大丈夫です」って太鼓判を押すから、きょうは来たんですよ」と。参加者から思わず笑いが出て、暖かい雰囲気で研究会は始まった。

「吹田事件の計画はいつごろ、そして誰が立てたんですか?」わたしがこう質問をすると、

「数ヵ月前からでした」

秦はぽつりぽつりと話し始めた。この発言は事件の核心ではないか。

吹田事件のデモ参加者に占める朝鮮人の割合は、六割説から四割説と諸説ある。日朝民衆による反米・

反戦闘争であったが、肝心の計画立案者は違った。しかし、秦は数ヵ月前から計画立案に関与したという。ここがポイントだ。

事件を計画したのが日本共産党であったことが、おぼろげながら見えてきた。

アメリカ軍将校ハウスの襲撃ゲリラ計画を実施できなかった秦に、今度は、朝鮮戦争勃発二周年を機に(つまり、吹田事件当日)基地反対闘争の計画が日本共産党大阪府委員会から打診された。大阪大学の豊中キャンパスで集会を開いた後、イタミ・エアベースと刀根山ハウスを襲撃するという大まかな計画であった。しかし、秦は計画にノーと返事した。

「そんなことを実施したら、阪大の共産党細胞は壊滅的な打撃を受けますよ。「ダメです」と、きっぱり断りました」と秦は断言した。

ところが、それまで横で黙って耳を傾けていた夫徳秀がけげんな顔をした。

「ええ、そんなことできるの。当時、上部の組織命令は絶対で、断るなんてできないよ」と反論した。

秦が説明する。「しかしもし実施すれば、逮捕だけじゃすまないでしょ。相手はカービン銃を持っているんだから」

平野一郎も質問した。

「わたしたちはイタミ・エアベースや刀根山ハウスを警戒していたし、警察もそちらに警備の重点を置いていたと思うよ」

「いや、だから囮(おとり)というか、陽動作戦だったんですよ。イタミ・エアベースとか刀根山ハウスは」と秦が説明した。

秦政明は無事大阪駅までたどり着いた。デモ隊の中では、夫徳秀と同じ山越え部隊に属し、最後尾で後ろからの警察官の攻撃に備える部隊に所属した。

大阪駅で警察官が迫る中、対応を迫られた秦は、大阪駅構内をたまたま歩いていた一般客に対し「今困っています。申し訳ないですが、入場券を五〇枚ほど買ってきてくれませんか」と頼んだという。

この時、秦が着ていたのは学生服。デモに身許の判る学生服を着ていた。

「どうして学生服を着ていたんですか？」と尋ねると、

「学生服しか持ってなかったもんねぇ。ブランドもので飾る今の学生と大違いだよね。高校時代からのたった一つしかない学生服を大切にして、大阪大学でも着ていた。デモの時も同じ。当時は今と違って学生の数も少なかったから、大学生に信用があった。だから大阪駅でお願いした人も、すぐに入場券を買ってきてくれて、それで無事警察官がうようよしている大阪駅構内から逃げ出したというわけ」

「お金はどうしたんです。入場券のお金は？」

「それもその人持ち。いわばカンパだね」そんな時代であった。

大阪駅を逃げ出した秦は、その後、川西市内の朝鮮人集落に匿われて、捜査の網から逃れた。

「六月二五日の朝鮮動乱二周年を期しての闘いだから、梅雨から夏の時期でしょ。ところが、蚊帳が一つしかない。にもかかわらず使わせてくれた」

川西の朝鮮人集落で、大阪大学学生である秦は、実に大切にされたという。

そのとき、夫徳秀は口には出さなかったが、とても悔しそうな表情を一瞬見せた。秦が共産党員として しっかり活躍したことを承知した上で、なお、川西の朝鮮人がたった一つしかない蚊帳を使わせるという、朝鮮戦争への反戦運動をしていた日本人活動家を大事に思う朝鮮人の心情を秦が本当に判っていたかを、いぶかったからだ。

秦政明の京都・西京高校時代の同窓生に、作家の真継伸彦がいる。真継は秦の体験に基づき自伝的作品『青空』に、朝鮮人集落にかくまわれた日本人学生のことを書いた。若き朝鮮人の人妻が日本人学生に淡い恋心を抱くシーンである。

秦は「そんなことあらへんわ」と苦笑しながらやんわりと否定した。同じことを夫徳秀に訊くと、こちらも言下に「そんなことあらへんでぇ」と強く否定した。

三　太ももを銃撃された大阪大学生

吹田駅構内

国鉄吹田操車場構内をデモ行進した後、デモ隊は通勤通学客で混雑する国鉄の列車に乗り込み、大阪駅前から御堂筋デモを貫徹しようとした。つまり、毛沢東が表現する「人民の海」に紛れ込む作戦であった。

「ついでデモ隊は午前八時すぎ国鉄吹田駅東口改札口から侵入、同駅八時七分発米原仕立て大阪駅行九一一列車に乗り込んだとき急行した大阪警視庁機動隊一個小隊らが停車を命じデモ隊逮捕を開始、デモ隊たちは警官目がけ火炎ビンをなげつけて抵抗、車外に逃げ出して乱闘となり警官隊は数発実弾を発射、ようやく鎮圧、デモ隊員二一名(うち女四名)を器物損壊、公務執行妨害などの容疑で逮捕した。

【負傷者】枚方市警一名、吹田市警七名(うち一名重傷)茨木市警二一名、国警府本部四名、デモ隊側、重

傷七その他軽傷者は不明」(毎日新聞大阪本社社会面、六月二五日夕刊)。

この記事によれば、警察官はピストルを発射したというが、実際はどうであったのだろうか。わたしは負傷したデモ隊員を探したところ、阪大細胞キャップと同様、思わぬところから導き手が現れ、目ざす人に出会うことになった。

知り合いの愛媛に住む精神科医が仲立ちとなり、当時の大阪大学医学部学生の存在を知った。愛媛経由で連絡を取ると、果たして本人から「まあ、会うだけなら会いましょうか」と返事がきた。

胸が高鳴るというのはこのことかと思いながら、精神科医に教えてもらった電話番号を間違いのないようにゆっくりとボタンを押して、電話をかけた。

「〇〇診療所です」、女性の声がした。

「〇〇先生をお願いします」と切り出し、しばし待つうちに、受話器の向こうはやがて初老の男の声に変わった。用件を改めて述べると、

「まあ、△△先生の紹介だから、間違いはないと思うが、あなたの聴きたいことに全部答えられるかどうか判らん。とにかく、診療所に一遍おいでなさい」とやさしいトーンで答が返ってきた。日時と場所を聞き、訪問することになった。

土日は休診だからと言われ、金曜日に年休をとり、その指定された診療所を訪ねた。

その診療所は、大阪府の中部、中河内地方にあった。訪ねた日はよく晴れ、青空がまぶしかった。白い綿雲がぽっかり浮かび、生駒山がくっきりと身近に見えた。その生駒山ふもとの住宅地の奥にひっそりと、その診療所は建っていた。

約束通り、午前中の診療時間が終わる間際に、診療所の受け付けに、「○○先生にお目にかかりたいのですが」とおそるおそる申し出た。「ご用件はなんですか」と質されたが、受け付けの女性に吹田事件の話を切り出すのもはばかられ、「ええ、先生は用件をご存じですから」とあいまいに答えるばかりであった。

診療所の待合室に座って待つ。待合室は、地域のお年寄りばかり。少し腰の曲がったおばあちゃんが廊下で診療所職員を相手に、大きな声で、

「腰が痛くてねえ。ちっとも直りませんねん」と病状を訴えるでも世間話をするでもなく話し込む様子は、診療所の医師の人柄を反映したものか、和やかな雰囲気であった。

やがて、午前中の診察は終わり、診察室の奥からわたしを呼ぶ声がした。実はそのとき、できれば録音かあるいはビデオ撮影で記録がとれればいいなと、家庭用のビデオカメラを入れた大きな黒い鞄を両手に持っていたのだが、その医師はわたしのさもしい願いをすべてお見通しであったのだろうか、開口一番こう切り出した。

「わたしが知っていることは何でもお話ししましょう。でも条件はただ一つ、固有名詞は止めてください」こう言われれば、真実に迫りたいとの思いからその場ではいっさいメモをとらず、医師の経験に耳を傾けた。

話の要点はつぎのようなものであった。

「私が通う中之島の大阪大学医学部に、朝鮮戦争二周年の集会の案内が来た。私は平和な日本になってほしいと願い、当日、豊中キャンパスに出かけた。事前に詳しいデモ行進や行動予定を聴いた記憶はない

が、隊列の指揮者の動くままに従って行動した。

六月二四日、夜はメシがまわってきた記憶があるが、翌朝は何も食べるものはなかった。山越え部隊に加わり、国鉄吹田操車場構内のデモ行進をなんとか無事終え、デモ行進の指揮者の言われるまま、国鉄吹田駅に改札口から入った。

プラットホームには蒸気機関車を先頭にたくさんの車両をつないだ大阪方面行きの列車が入構しており、その列車に乗り込んだ。列車内は通勤通学客ですでに満員のところに、旗竿や竹槍をもったままのデモ隊員が乗り込み、ぎゅうぎゅう詰めの状態であった。

デモ隊の一部は、京都方面行きのプラットホームに向かったが、デモ参加者の大部分は大阪方面行きに乗り組んだ。その数、数百人はいたであろうか。

デモ隊の後ろから一〇〇人ほどの警察官が現れた。警察官は蒸気機関車の運転手にピルトルをつきつけ、列車を発車させないように命じた。そして車両内でデモ参加者の検挙をいきなり始めた。警察官は列車の窓から上半身を突っ込み、いきなりピストルを水平に撃った。そのうちの一発が座席に座っていたわたしの左太ももの内側に当たった。警察官は天井に向けての威嚇射撃だとあとで弁明したが、天井に向かって撃ってなぜ座っている人間の太ももに命中するのか。事実に照らして無理がある。

太ももを撃たれたので周りにいた女性の客が駅員に知らせ、吹田市内の済生会病院に運ばれた。大腿骨骨折で、六月二五日から一〇月二一日まで丸々四ヵ月間、入院した。やや回復してから、二日間だけ拘束され警察官から事情を聴かれたが、結局、起訴猶予と処分がきまり、裁判にかけられずに済んだ。弁護士とも相談した結果、被害届は出さなかった。

起訴猶予になった理由は、もし起訴されたら天井に向けて発砲したという警察側の言い分がウソだとばれるから起訴猶予にする替わり、水平撃ちの事実を不問に付したかったのだと思う。そのことは当時の弁護士もそう説明していた。

わたしは単なるデモ参加者であったことは、警察側もつかんでいたのであろう。左太ももは今でもたまにうずくことがあるが、その後、医師免許にも合格し、こうして町医者として患者さん相手に過ごす日々である」

診療所を出たあと、わたしはあわてて黒い鞄からノートブックを取り出し、記憶の限りあれこれメモを走り書きした。

太ももを撃たれた医学生はこの後、吹田市(警察官の雇用主)を相手取って、損害賠償請求訴訟を起こし、勝訴した。判決で大阪地裁は「森川巡査は同僚の仇討とばかり相当興奮して同客車内に入って行ってデモ隊員を見つけたので、その足下をねらって拳銃を発射」と認定した。裁判でホームに居合わせた国鉄職員らが証言したが、デモ隊からピストルを撃ったという警察側の発表は完全に否定された(大阪地裁判決、六〇年五月一七日)。

司法取引という言葉があるけれども、刑を免除して真実を語らせるという風にわたしは理解していたが、決して被疑者の弱みを免除するばかりではなく、権力側の弱点を免除するための司法取引もあるんだと、妙なところで独り合点した。結局、警察官が特別公務員暴行陵虐致傷罪に問われることはなかった。

第二章　枚方事件

ダイナマイトの爆発後の腐食が見つかった電動ポンプ室内部(『吹田・枚方事件について』法務研修所，より)

一　枚方放火事件

国際エコノミスト・長谷川慶太郎

戦前から戦後にかけ、関西には二つの東洋一があった。一つは、吹田事件の舞台となった、東洋一広い国鉄吹田操車場。もう一つが、東洋一の生産規模を誇った兵器工場、大阪造兵廠（ぞうへいしょう）である。その大阪造兵廠の分工場が枚方（ひらかた）市内にあり、この分工場を攻撃したのが枚方事件である。

分工場の正式名称は「旧陸軍造兵廠大阪工廠・枚方製造所」という（その後、一九四〇年四月に、大阪陸軍造兵廠・枚方製造所と変わる。枚方事件の当事者たちはここを枚方工廠と呼んだ。正式名称より判りやすいので、わたしもこの名称を使う）。

吹田事件と枚方事件は、同じ日に起きた。その枚方事件の記録を調べていたら、思いがけない人の名前を発見した。長谷川慶太郎である。

バブル経済が華やかであった八〇年代後半、『「投機」の時代』（中央公論社、一九八七）などを著した経済評論家である。今では北朝鮮の脅威を声高に評論するが、かつては違った。

長谷川は二七年京都生まれ、一平のマスターの二歳年上。当時枚方市内にあった大阪大学工学部に進学、学生時代は反戦平和運動などで活躍、この時期に枚方事件に連座する。その後、新聞記者を経て経済評論家。長谷川が日本共産党の党員であったことは、全く知られていないわけではない。だが、具体的な党での活動歴となると、あまり知られていない。では、長谷川慶太郎はいったい何をしたのだろうか？

一平のマスターに枚方事件のことを尋ねたら、関係者を知っているという。脇田憲一という。日本共産党が軍事方針を採用していた時期、その軍事組織を中核自衛隊というが、脇田は枚方事件当時一七歳と最年少の中核自衛隊員である。職業は北浜にある大阪証券取引所場内で証券会社の顧客から預かった株式の売り買いをする、いわゆる場立ちをしていた。今でも長谷川慶太郎と連絡を取るという。

「長谷川さんは、共産党でどんな活動をしていたんですか？」

とわたしが尋ねると、脇田は長谷川に替わって、事件の経過を淡々と話し始めた。

「長谷川さんは、当時、大阪大学の工学部の学生でしたが、大阪大学工学部は戦前、大阪・都島区内にありましたが、アメリカ軍の空襲で焼けてしまったため、枚方にあった旧日本陸軍の兵器工場敷地の一画を間借りしていました。その時期、長谷川さんは日本共産党の阪大工学部細胞のキャップでした。

地元では、枚方工廠を再開してアメリカ軍向けに砲弾製造を再開しようという動きがあり、地元住民は反対運動をしていました。そうした戦争反対の地元世論を背景に起きたのが、枚方事件です。

枚方事件には二つあって、一つが枚方工廠へのダイナマイト時限爆弾の設置事件、もう一つが地元に兵器工場の誘致を熱心にしていた有力者自宅への放火事件です。わたしは時限爆弾の設置事件、長谷川さんは放火事件に関与しました。長谷川さんもわたしも警察に逮捕され、裁判は長かったですよ」

一本の電話

放火事件が発覚したのは、五二年六月二五日の午前二時四五分ごろのこと。被害者が警察へ通報した。

吹田で山越え部隊が移動中とほぼ同時進行中のできごとである。

枚方市警に一本の電話がかかった。

「もしもし枚方市警かい？

わが家の玄関に火炎ビンが投げ込まれたんや。扉や襖が燃え向かいのガレージも燃えとる。すぐに来てくれ。ウチは、京阪枚方公園駅のすぐ東側、小松正義だ」と怒鳴った。

小松正義は地元の運送会社栄組の社長で、旧枚方工廠への民間企業の誘致に誘致委員として尽力していた。また、当時には珍しく、自家用乗用車を所有していた。

枚方警察はすぐに朝鮮戦争二周年闘争で待機中の警官隊を出動させた。ウェポン車（トラック）に平群警部補を指揮者に警察官一二人が乗りこみ、現場に向かった。枚方市警から現場までわずか二〇〇メートル、警察官はすぐに現場に到着した。現場には男が一人、パンツ一枚の姿で仁王立ちで立っていた。恐怖なのか怒りなのか顔面は真っ青。パンツ姿の男は小松その人であった。

「一階の玄関横の茶の間にカミサンの妹が幼児四人と寝ておった。突然、ガチャンと玄関のガラス戸が割れる音がしたので、妹が何事やと玄関に出てみると、土間にパッと大きな火の手が上がった。玄関から奥へ通じる廊下も襖が火を噴いておった。不審な集団が山手の方に逃げた。早う捕まえてくれや」

平群警部補は警察官を二人一組に編成し、犯人の追跡と検挙を命じた。小松方から約二〇〇メートル付近の民家前で、警官隊は早くも最初の一群と出くわした。相手は数人の男たちであった。

「誰だ」と警官が誰何（すいか）すると、数人の男たちは一目散に逃走した。

「ピィー」と警笛が深夜の街に鳴り響く。さらに約四〇〇メートル山手の観照堂というお寺で、警察官は男たちと遭遇した。男たちからは「敵は少ないぞ／二段構えでやってしまえ／殺してしまえ」といった怒号に続き、小石が次々に飛んできた。

竹槍や棍棒を手にした男たちがお寺の本堂から飛び出してきた。その数、二、三〇人。ワーッという喚声で警官を威嚇した。警官は危険を感じて腰のピストルを抜き、空に向かって二発発射した。さすがに効果は大きかった。男たちはぱっと散った。山手をめざして逃亡を図ったが、付近の藪に隠れた男たちは明け方までに次々と警官に逮捕された。

明け方までに逮捕された男たちの数は、一三人。その中に、長谷川慶太郎がいた。集団の人数およそ三〇人に対し、警察官は七人だけであった。

その後の警察の調べで、長谷川は参加者一四人を統率する第一小隊のリーダーだと判明する。逮捕された一三人は取調べに対して徹底的に黙秘したが、長谷川は日ごろから枚方市内で共産党の活動家として、警察官に顔が知られており氏名黙秘をしても身許はすぐに判明した。

検察の冒頭陳述は次の通り。

「六月二四日夕刻、長谷川ら数名の学生は、阪大工学部枚方校舎学生ホールに集合し、長谷川らは学生ホールで火焔瓶を準備した事実。

同夜一〇時頃の部隊編成に際し、被告人等は何れも第一中隊第一小隊に編入され、被告人長谷川は第一小隊長となり第一分隊長を兼ねた事実」

長谷川慶太郎は、事件の翌月一九日、保証金一万円で保釈された。勾留期間二三日間であった。

二　枚方工廠への時限爆弾設置事件

ダイナマイト時限爆弾

枚方事件のうち、もう一つのダイナマイト時限爆弾の設置事件を調べるため、再び大阪市立中央図書館を訪れ、当時の新聞記事にあたった。

朝日新聞大阪本社発行の社会面には次のような記述があった(一九五二年六月二七日付)。

「ダイナマイト時限爆弾を発見」(見出しは、社会面トップで四段抜きの扱い)。

リードを見てみる。

「二六日午後二時ごろ大阪府枚方市中宮、元陸軍大阪造兵廠枚方製造所旧プレス工場内に、時限爆弾らしいものが取りつけてあるのを警備員が発見、おどろいて枚方市警に届出た。同市警が調べたところ、ダイナマイト六本をヒモでしばり、細い電線で丸型四個、角型二個の乾電池に連結、その中間に目覚し時計がつないであった。同署ではデモ隊の別働隊が二十五日か二十六日、同工場の窓ガラスを破って侵入、時限爆弾を仕掛けて爆破を企てたのではないかと捜査している」

この記事にはさらに、追加の記事がある。

「発見した警備員があわててとりはずしたときに時計の針がこわれたので、この手製の時限爆弾がいつ爆発することになっていたのか、それとも不発に終わったのかはわからない。なお、同製造所は終戦で閉鎖、近畿財務局枚方分室が管理しているが、さいきん小松製作所に払下げられ、施設の一部が兵器工場として再出発するとのうわさがあった。地元の一部にこの兵器製造に反対する声があり「おれ一人でも工場を破壊してみせる」といいふらしていたものがあったことを枚方市警では聞き込んでいる」

爆弾を発見したが、この段階では未遂事件であった。ダイナマイトも時限装置も丸ごと発見されたのである。

当日の社会面は、アメリカ人自動車へ空気銃が発射された事件、吹田事件で大阪地検が三四名を拘留請求した件、茨木市警が全署員五五名のうち約半数の二五名が吹田事件で負傷したので、茨木市防犯委員四〇〇人が肩代わりを申し出た件などが記載されている(もっとも、左側は、ヘルシンキオリンピックへ選手団が梅雨空の羽田空港を出発した話題が大きな写真とともに載っている)。

枚方工廠

では、長谷川や脇田は、なぜ枚方事件を起こしたのであろうか?

ここで、枚方の歴史を振り返る。枚方市は、大阪と京都の中間、淀川の南に位置し、東は生駒山地、西は淀川低地、中央部分に丘陵地帯が拡がる。淀川を利用した舟便の宿場として発達した。

明治期、禁野(きんや)火薬庫が設立される。明治になり国鉄東海道線は淀川の北側に開通したため、枚方の宿場は一時衰えたが、一八九八年関西鉄道(後の国鉄片町線。現在のJR学研都市線)の開通が転機となった。日本陸軍は枚方市禁野地区に目をつけ、火薬庫の設置を決めた。日清戦争(一八九四〜九五年)のさなか、清国からの戦利品を収納するのを名目に強制的な土地買収をすすめ、三年後には火薬の収納作業がスタートした。火薬庫の設立理由は、(一)片町線を使って原材料や製品の輸送が容易、(二)人家がまばらにしか点在せず買収が容易、(二)禁野地区は丘陵地帯で、万一火薬が爆発しても二次災害が少ない点も有利であった。禁野火薬庫は、拡張につぐ拡張で、三三年には広さ四三ヘクタールというから甲子園球場の約一〇倍分の広さとなる。

続いて、砲弾工場が設立される。昭和に入って、陸軍は日中戦争開始の翌三八年、禁野火薬庫の隣り合わせに兵器工場を作る。陸軍造兵廠大阪工廠枚方製造所は砲弾と爆弾を製造し、火薬を充填する一大兵器庫になった。

枚方製造所は甲子園球場の実に二五倍。工員数が一万人余りというマンモス工場で、陸軍の大口径と中口径の砲弾の、実に七〇パーセント以上を製造した。第二製造所で砲弾を作り、隣の禁野火薬庫で火薬を詰め、第五製造所で作った信管を取り付けて完成した。アジア・太平洋戦争の開始直前には、香里製造所が新たに設置され、火薬の製造がスタート。枚方は一大軍需工場となった。

軍需工場の開設は地元住民にとって雇用の機会を提供する一方で、砲弾や爆弾あるいは火薬という危険物と背中合わせで、住民の不安は大きかった。

果たせるかな、住民の不安は的中した。三九年三月一日、禁野火薬庫は大爆発を起こし、多数の死傷者が出た(開設間もない一九〇九[明治四二]年、一回目の大爆発が起きたが、家屋の被害約一五〇〇戸や負傷者一七人はいたものの死者はゼロ)。

戦争中のことで、被害の正確な記録は残っていない。死者も、諸説がある。『枚方市史』第四巻(一九八〇)を引用する。

「三月一日。作業中の午後二時四五分、突然爆発が起きた。大小二九回の爆発が連続した。

死者九五人(うち朝鮮人が一人)、負傷者三五二人。住宅の全焼・全壊が八三六世帯。多くの住民は爆発のたびごとに鉄片や砂利が降りそそぐため座布団を頭にかぶり、避難するのに右往左往した」という。火薬庫近くの殿山第一小学校は全焼し、大阪府と大阪市は救援本部を設置し、三万人の避難民に給食を実施した。

今、現場付近を歩くと、枚方町消防組合員一五人と町会議員一人の「殉職記念碑」が地元の禁野保育所の庭にひっそりと建っている。もう一ヵ所、中宮小学校の前に、禁野火薬庫関係の殉職者三八人の「殉職義烈之碑」がかろうじて大火災の痕跡を示している。戦争中、表立っての反対運動を起こすことはできなかった。陸軍の威光で圧殺されたのである。

大阪城近くにある、陸軍造兵廠大阪工廠は、アメリカ軍の空襲で徹底的に破壊された(四五年八月一四日)。これと対照的に、枚方工廠への空襲被害は少なかった。

日本の敗戦後、枚方はいったん静けさを取り戻した。

日本政府は枚方工廠を連合国への賠償物件に指定したため、遊休のまま放置され、わずかに大蔵省近畿財務局の職員が保守点検をするだけの静かな場所に変わった。

もっとも連合軍総司令部(GHQ)の許可があれば、一時使用という形式で施設の貸し付けが可能であったため、敷地の一部は国立大阪大学工学部や枚方中学校などの教育施設、あるいは市民病院などに利用された。長谷川慶太郎が旧枚方工廠を転用した阪大工学部と寮住まいをしていたのは、そうした背景があった。

小松製作所への払い下げ

朝鮮戦争が思わぬ転機をもたらす。枚方に再び戦争の跫音が近づいてきた。

戦後も農業地帯である枚方市は旧枚方工廠の払い下げ運動に乗り出し、五一年六月、市議会は払い下げ促進を決議した。目的は、地方税収入の増加や地域住民の雇用の確保であった。住民は禁野火薬庫の大爆発という惨事の記憶があり平和産業を望んだが、やってきたのは軍事産業であった。

地元の有力者、小松正義が極東鉄器株式会社という新会社を設立し、大蔵省に一時使用を申請した。しかし大蔵省は認めず計画は頓挫した。一方、市長から誘致を受けた小松製作所が枚方工廠のうち甲斐田地区の一時使用を申請(五一年一一月)、正式に払い下げが決まった(翌五二年三月)。

小松製作所の創業者、竹内明太郎はのちに総理になる吉田茂の実兄である。戦争中(四三年)日本のブルドーザー第一号として、海軍航空基地建設用ブルドーザーを完成するなど、日本最大の建設機械メーカーとして発展した(ちなみに、自宅を放火された小松正義は小松製作所の社長や役員ではないが地元では苗字から誤解する向きもあったと、のちに枚方事件の判決文に書いてある)。

枚方市長が発表した小松製作所の計画によると、トラックやブルドーザーを製造し、従業員三〇〇〇人を雇う予定であった。しかし会社側は、朝鮮戦争勃発により、アメリカ軍の砲弾特需への入札が必要となり、枚方工廠を砲弾製造工場にする計画をすすめた。

つまり、枚方事件は、禁野火薬庫の大爆発で平和産業を志向する地元住民の願いと反対に、朝鮮戦争をきっかけに大蔵省が旧枚方工廠を小松製作所に払い下げ、砲弾製造の軍需工場としてよみがえる矢先に計画されたことになる。

三　事件の舞台裏

犯行声明のビラ

小松正義宅の放火事件は、事件当夜に、長谷川慶太郎ら大学生や労働者一三人を逮捕したあと、さらに芋づる式に関係者を割り出し（つまり関係者が次々と自供した）、逮捕者は七三人に上った。ところが枚方工廠への時限爆弾未遂事件について、捜査は進まなかった。警察は吹田事件と小松正義宅放火事件の処理に追われ、手が廻らないのが実情であった。

ところがそうなると変なもので、犯行グループは枚方闘争の最大の目玉である枚方工廠爆破事件を世間に知らせたい。その反面、逮捕者は出したくないという、二律背反の選択を迫られた。犯行グループは政治的な成果をより重視したのであろうか、放火事件から一週間後の七月一日、大阪の守口市内でガリ版のビラを撒布した。北河内青年新聞の号外であった。

「わが勇敢なる河北解放青年行動隊特別部隊わ（ママ）六月二四日午前〇時枚方工廠に潜入し、追撃砲弾六二万発の生産寸前にあった二千トン砲弾引抜プレスを午前二時四五分爆破した。

枚方工廠わ（ママ）小松製作所の金の力で暗躍し忠実な飼犬となつた枚方市議売国奴Ｋが小松製作所に払い下げることに成功し、Ｋわ（ママ）小松製作所から高級乗用車をもらった。我々わ（ママ）戦争屋とその手先、これを守る市警を実力で倒し叩きつけねばかちとれないとゆう（ママ）ことを訴える」（青年の旗　一九五二年六月二八日号外）。

この号外には、おもしろいことに裏にかき氷店の広告が載っている。この広告主が実は河北解放青年行動隊の大隊長を務めるMであった。Mはかき氷店を経営しており、広告には店の地図まで掲載していた。このビラがきっかけとなって逮捕される。どう考えてもマンガである。それでも警察や検察は現場検証が不十分で、時限爆弾が爆破したことに気づかなかった。それで捜査が遅れた。

ところが、事態は意外なところから反転した。犯行から二ヵ月半が過ぎた五二年九月上旬。大阪市警視庁が別件の放火事件で逮捕した朝鮮人Nを取り調べたところ、Nが枚方工廠の爆破事件を自供した。報告を受けて大阪地方検察庁が工場を改めて検証したところ、不発弾のポンプの隣、第六三四号機ポンプがダイナマイトで爆破され、ポンプの上部がほんの少しだけ腐食(つまりペンキが少しはげている)していることが判明した。腐食は七センチ四方と、検察庁の資料に書いてある。

枚方事件は、小松宅の放火事件と枚方工廠の爆破未遂事件に留まらず、ダイナマイト爆発事件を含めた複合事件だと判った。警察、検察の捜査の未熟さも手伝い事件発生から二ヵ月半経って、ようやく全体像が姿を現したのである。検察、警察は、捜査態勢を見直さざるを得なくなった。

実行部隊と見張り部隊

枚方事件の元被告・脇田憲一に研究会で話をしてもらった。

「当時、わたしは一七歳。軍事部門の中核自衛隊に所属していました。党(共産党)の上層部から行動に参加しろと、メモが廻ってきました。

六月二三日の午後一〇時過ぎ、わたしたち行動隊員は京阪電車の枚方市駅から二駅京都寄りの牧野駅で三々五々に下車し、方埜(かたの)神社に別々に集合しました。午後一一時の約束だったと思います。

見張り役が五人。実行部隊が四人ですが、万一逮捕された時のことを考えて、互いの顔は判らないようにしてね。そこで責任者だけが互いに打ち合わせをしました。

午後一一時三〇分、出発です。枚方工廠まで四キロをそう一時間ぐらい歩いて行きました。工場ではコンクリートの塀を乗り越え、芝生の構内に入りました。わたしの役目は見張り役です。そう一時間くらい待ったでしょうか、その時間がとてつもなく長い時間に感じられましてね。実行部隊が任務を終えて工廠から出てきて見たら、みんな知ってるメンバーばかり。大阪・守口市で日常的に顔を会わせている顔ぶればかりだったんですよ」

つまり、九人が行動したが、一番肝心の実行部隊四人のうち三人までが在日朝鮮人であったという。脇田は当時の新聞記事を手にかざした。それは、小松製作所への払い下げが決まった段階で、日経新聞の記者が工場内部を取材したルポ記事である。敗戦から七年後(五二年)のものだ。

「ひとたび工場の中に入ったわれわれは、屋外とは打って変ったその壮観に驚いた。甲斐田地区のプレス工場には旧陸軍の誇る七五〇トン水圧プレスが六台、七年前と少しも変わらぬ姿で黒々と光って並んでいる。ここで軍は大型砲弾を月間約五千発と十五センチ級用二万発を造っていたのだ。グリスで塗固めたプレス、いずれも沈黙のまま動き出す日を待っている。プレス工場には大型旋盤が三百台、ズラリと並んでいる。油紙をかけ油で塗り固めた機械群はいつでも活動が可能である。

中宮地区もほぼ同じである。敷地十三万坪、建坪二万九千坪の中に機械設備一千二百台を持ち、小口径砲弾を一ヵ月約廿万発造っていた」(日本経済新聞、五二年八月二八日付)。

脇田は逮捕後、現場検証のため工場内部に入ったが、工場をいつでも使えるように大蔵省がきちんと保存・管理しているのにたいへん驚いたという。

吹田事件研究会での脇田の話は続く。

「わたしたち九人の部隊は、二班に分かれ行動しました。実行隊は第四搾出工場に入り、水圧ポンプに時限爆弾二発を仕掛けたのです。この第四搾出工場には、当時日本中でも数台しかないという砲弾を打ち抜くプレス機械がありました。

実行隊長は朝鮮人のWで彼が水圧ポンプに爆弾を仕掛け、もう一台は日本人のXが時限爆弾をセットしました。この時限装置が極めて危険な代物でしてね。時間が経ち時計の針が接触するとすぐに爆発するという極めて原始的な装置でした。

ちょっと間違えると一瞬で爆発しかねない。見張り隊は二メートルくらいの高い塀を乗り越えるんですが、塀が高いから一人が台になって越える。しかし、最後の見張り役は工場の外で見張りました。『誰かが来たら、塀を叩いて知らせろ』という。ずいぶんといい加減なものでしたね」(脇田は実名で話したが人権上の配慮からイニシャルにした)。

脇田の話によると、時限爆弾を設置したあと実行隊はアジトに身を潜める予定であった。

「わたしたち見張り隊は枚方工廠をさらに三キロほど南に歩きました。

「ドッカーン」アジトに向かう途中、大きな音が響きました。しばらくしてもう一発「ドッカーン」という二番目の音が聞こえました。

見張り隊のメンバーにしてみても、「あぁこれで時限爆弾は二発とも成功したわい」と思うて、やれやれという気持ちですわ。もっとも、後になって考えてみれば、二発目はどうもこだまであったみたいですがね。一時間も歩き村野地区のアジトにたどり着いた時、正直ホッとしましたよ。達成感。そんな高揚した気分でしたね。

そこでわたしたちは数時間仮眠をとりました。夏至のころですから夜明けも早い。警察が動き出す前にということで、始発電車で何とか脱出しました」

脇田は興味深いエピソードを打ち明けた。「計画が外部に漏れた疑いがある」との理由で決行日が一日繰り上り二三日夜から翌朝にかけ実行されたという。一方で「朝鮮動乱二ヵ年」の枚方の前夜祭は予定通りに二四日夜開催された。吹田方面への警察官を少しでも枚方に引きつけるためであった。脇田によると、枚方市内の前夜祭に集まったのは、労働者と学生約一〇〇人。その大部分がのちに小松正義宅への放火事件に関与する。

集会ではリーダーが参加者一〇〇人を三中隊に分けた。その第一中隊の第一小隊長を、長谷川慶太郎が務めた。第一小隊メンバーは阪大工学部・枚方学生寮在住者であった。

六月二五日午前二時というから、未明。行動隊は、集会場にほど近い小松正義方への襲撃を実行した。長谷川慶太郎はこの計画に対し、「個人の家を襲撃するのは革命の倫理に背くのではないか」と反対したという。しかし、行動隊の幹部には頭の回転の速い人がいて、

「それでは、学生の小隊は直接攻撃に参加しなくてもいい。その代わり、小松宅への襲撃を承認してくれ」と妥協案が出され、結局学生たちも計画を承諾した。

これが、長谷川慶太郎が逮捕された経過であった。

第三章　裁判闘争

被告でぎっしりの吹田事件初公判．左から二人目の判事が佐々木哲蔵．
(1952年9月11日)(毎日新聞社提供)

一　吹田黙禱事件

併合方式

平野一郎が、自宅に吹田事件裁判の検察側冒頭陳述書を保管していた。裁判で、検察側が司法記者クラブ加盟の新聞社、通信社に配布したもので、Ｂ４サイズの藁半紙を二つ折りにした表紙に一二番という報道機関向けの通しナンバーが付いている。表紙がぼろぼろになった藁半紙や通しナンバーが生々しく五〇数年前の法廷を想起させた。

吹田騒擾事件の裁判は、事件から二ヵ月半後にスタートした（九月一一日）。

朝鮮人グループのリーダー夫徳秀は、吹田駅を経て大阪駅から御堂筋のデモ行進を貫徹しようとした。人民電車部隊で来た直径一メートル、マーチングバンド用の大太鼓を身体にしっかりと結わえた男が横にいた。デモ行進の総責任者の指令の下、朝鮮戦争への反対を訴えるデモ行進を御堂筋で実行しようとして、大阪駅の東口を出たがそこには、デモ隊の仲間はほとんどおらず、警察隊に殴られ、やっとの思いで、城東線に乗り鶴橋駅にたどり着いたところで、鶴橋駅下の国際マーケットで逮捕された。

その直後から、夫徳秀は大阪城天守閣横の大阪市警視庁（現在の大阪市立自然史博物館）に連行され、取調べを受けた。夫徳秀は名前を含め完全黙秘を貫いていた。取調べの際、警察官は木刀で夫徳秀の後頭部を殴ったという。今でも夫徳秀の後頭部にミミズ腫れがある。わたしは一平でその話を聞き許可を得て触ったが、指先ですぐに判るほど疵痕はしっかりと固まり、盛り上がっていた。長さは三センチ、つむじの下五センチの位置にあった。

殴られた時かなりの血が流れ出たが、警察官は医者を呼ばないばかりか何の治療もしなかったという。日ごろ温厚な夫徳秀もこの話をしたときばかりは目から火が吹き出ていた。

警察官の夫徳秀への暴行は一度だけではなかった。イスを蹴り倒す。木刀でボコボコに殴る。夫徳秀がアジア・ボランティア・センターの四階に上がるのに階段の踊り場で何度も休まなければならない程、腰の骨を痛めたのは、取り調べの際の暴行のせいだと聞いた。

吹田事件は騒擾事件だけに被告は多人数で、第一回公判の段階で七九人に上った。公判を前に、大阪地方裁判所は検察官と弁護士団を裁判所の会議室に集め、公判のすすめ方を協議した。東京のメーデー事件ではじめの段階で、また名古屋の大須事件では終始、被告をグループごとに分離方式で裁判を進めたからだ。

大阪地方裁判所は、「騒擾罪として一体のもの」という考え方から、被告人全員を併合するとの方針を打ち出した。四人が座る長いすを横に二個ずつ、前後に一〇列に並べることにした。ちょっと想像して欲しい。小学校のクラスの二倍にも匹敵する人数が被告席に並んでいる光景を。裁判所は、各いすに着席番号をつけ、この着席番号を被告人への呼び出し状にも使った。つまり、被告にナンバリングしたわけである。しかも、検察は初公判後も容疑者を次々に追起訴し、最終的な被告数は一一一名に達した。このうち朝鮮人の被告は五〇人であった。

裁判所は傍聴人の座席を一三五席用意し、傍聴券は先着順と決めた。こうして裁判がスタートした。

吹田騒擾罪事件の裁判長を、佐々木哲蔵が担当した。

わたしの手元に一冊の本がある。佐々木哲蔵の著作で、いつか吹田事件の参考になろうかと発売直後に買った。『一裁判官の回想』（技術と人間社、一九九三）と題された本は、著者が佐々木本人、そして、購入したときは気がつかなかったが、編者の一人が平野一郎なのである。ことほど左様に佐々木哲蔵と平野一郎は親しかった。それは、司法記者と大阪地裁の裁判長という職業的なつきあいを遥かに超し、心底からの尊敬に包まれた友情であったと平野は記している。

「人権の権化ともいうべき佐々木哲蔵さんのことを、敬慕の念やみ難く、書きしるしたいおもいにかられる」と、書き出す。

佐々木は、吹田事件の公判の途中で裁判官を辞め弁護士になるが、その弁護士佐々木に、平野はある人物を紹介する。その人物というのは、狭山再審請求事件で打開策を模索していた部落解放同盟の朝田善之助委員長で、これをきっかけに、佐々木は狭山再審請求裁判の弁護団長に就任する。更に、佐々木は八海冤罪事件の弁護団長を担当し、死刑など有罪判決を受けた四人を無罪判決へ導く。平野の一文には、法律家の佐々木とジャーナリスト平野の心の交流が、淡々としかし温かく描かれている。

「一九〇六年生まれ。裁判官のち弁護士。宮城県生まれ。一九三〇（昭五）年東大法科卒。高文に合格し卒業後すぐに裁判官となる。三八年「満州国」（中国東北部）に渡り、ハルビン高等法院の裁判官、新京法政大教授を歴任。敗戦後二年半余りシベリアに抑留、四八年引き揚げ大阪地裁に復職。五七年弁護士となり、八海事件、狭山再審請求事件など数多くの裁判の弁護団長として活躍」（『朝日人物事典』朝日新聞社、一九九〇）。

平野は佐々木を次のように評した。

「治安維持法(二五年)、中国への第一次山東出兵(二七年)の時代に学生生活をおくられた佐々木さんは、いわゆるマルクス主義の洗礼を受けていない。どちらかといえば、地元仙台の、阿部次郎『三太郎の日記』に代表される教養主義に身を置かれたようである」という。実は、平野もマルクス主義の洗礼を受けず、瑞々しい感覚と勁い正義感が持ち味で、裁判官・佐々木哲蔵とジャーナリスト・平野の二人が互いに尊敬しあう関係になったのは、こんな背景があったのであろう。

大学を卒業後、佐々木は「当時の平均的日本人のひとりとして、先輩の勧奨にプラス素朴な共鳴」で旧満州国の裁判官になる。敗戦後二年半のシベリア抑留が佐々木の転機となった。ソ連軍の将校の一言が佐々木を動かした。

「君が、いかに美しく満州の地を描いていたか、主観的な善意は問題ではないんだ。満州国を作った日本の侵略、そこの高級幹部として君がはたした客観的役割、その責任はまぬがれない。人類にとって大きな罪をはたしたんだ」

その言葉を内に秘め、佐々木は内地に引き揚げ大阪地裁に復帰する。新しい憲法、新しい刑事訴訟法の下で、佐々木は「歴史は学ばなければならない。社会科学的なものの見方を身につけなければならない」と自らにいいきかせた。

平野は、ふらりと大阪地裁の判事室をのぞくと、佐々木判事とよく話をしたという。

「警察、検察庁は、秩序維持が役割です。裁判所の役割は人権保障です」これがいつも佐々木が口にする言葉であった。

吹田黙禱事件

のちに、吹田黙禱事件と呼ばれる事件が起きたのは、吹田事件の翌年(五三年)のことであった。北朝鮮、アメリカ、中国の三ヵ国(韓国はボイコット)が朝鮮戦争の休戦協定を結んだその二日後、大阪地裁で吹田騒擾事件の公判が開かれた(七月二九日)。

平野一郎は、朝日新聞に入社して七年目。赤レンガ造りの大阪高裁・地裁の建物にある司法記者クラブに通う日々が続いていた。平野は、その日も吹田事件の法廷を傍聴し、歴史の目撃者となった。

「吹田事件の被告たちは、この日もいつものように隊列を組んで法廷に整然と入廷してきた。審理に入るに先立ち、一人の朝鮮人被告が立ち上がった。

「朝鮮戦争の休戦は、朝鮮民主主義人民共和国を中心とする世界平和勢力の勝利であり、アメリカの戦争屋たちの敗北である。この勝利の歓喜を拍手するとともに、戦争犠牲者の霊に黙禱をささげたい」と発言した。立ち会いの大阪地検、藤田太郎公判部長検事は「裁判長、反対です。禁止してください」と叫んだ。

佐々木裁判長は「裁判所は禁止しません」と発言した。この発言がのちに問題となった。百余人の被告たちは、「起立」「拍手」「黙禱」を行った。号令に従って被告たちが行動したのは、この間およそ三〇秒であった。佐々木裁判長はそのあと審理に入っていった」

大阪地方検察庁はただちに最高検察庁に報告した。

「法廷内の黙禱を禁止しなかった。これは法廷内の威信にかかわる」として、衆議院の法務委員会がこの問題を取り上げた。国会議員で構成される裁判官訴追委員会が調査に乗り出し、訴追委員会は佐々木裁判長をはじめ三人の裁判官に調査の呼び出しをかけた。

これに対して佐々木裁判長は、

「ことは、法廷の中の訴訟指揮権に属することがらです。現に裁判が進行している最中に、外部から調査が行われることは、司法権の侵害です」との考えから、国会からの調査呼び出しを毅然と拒否した。

弁護士全員も訴追委員会の調査を拒否し、大阪弁護士会は臨時総会を開き「訴追委の調査は、憲法の保障する司法の独立を侵害するものと認める」との非難決議をした。

平野は当時の佐々木の気持ちを推測した。

「けしからん」「暴徒である」というのは、警察、検察庁の立場である。裁判所にとってはあくまで被告である。その被告たちは、日本の軍事基地化反対、朝鮮戦争反対の愛国的デモ行進なのであって、警察がこの抗議行動に弾圧を加えたのだと、主張してきている。その主張の当否は別にして、被告の立場からすれば朝鮮戦争休戦にあたり黙禱と拍手をしたい、というのは、被告の立場よりする人間性の発露であると考えられる。

法廷内で決して好ましいことではないが、裁判所の中立という立場からは許可もしなければ禁止もしない、という態度をとったのである。

裁判の権威とは、納得のゆく審理をもっとも民主的に公平にすすめて正しい判決をすることにかかっている。その審理のすすめ方については、裁判長の自由裁量を許された法廷での訴訟裁量権によって、刑事訴訟法という手続きとルールの枠内でゆだねられている。

その審理の最中に、外部から調査がおこなわれるというのは、裁判に対する不当な干渉であり、司法権の独立に対する侵害である」

佐々木裁判長の国会調査呼び出し拒否、大阪弁護士会の非難決議などの反発を受け、国会の裁判官訴追委員会は「訴追猶予」という結論を出し、吹田黙禱事件は幕を下ろした。

というと、正義は貫かれたかのような印象を受けるが、実は、後日談がある。

佐々木裁判長は、黙禱事件から四年後、辞任した(五七年一二月)。吹田黙禱事件は明治期の大津事件と並び、司法権の独立が問題になった事件である。大津事件の裁判長ものちに辞任している。国会の裁判官訴追委員会と対峙するというのが、どれほど厳しいプレッシャーであったであろうか。

二　騒擾罪

弁護団長

吹田事件の主任弁護人ははじめは山本治雄が務めた。山本治雄はのちに吹田市長選挙に無所属で出馬し、当選する。裁判開始から六年後(五八年夏)山本のあとを次いだ石川元也は、吹田事件研究会の主要なメンバーである森潤と親しく、わたしは森潤と、大阪・北区西天満の関西テレビ旧本社にほど近い、石川元也弁護士事務所を訪ねた。山本治雄がすでに死亡したため、二人目の主任弁護人の石川に、吹田事件研究会の講師を依頼するためである。石川は快く講師を受けてくれたが、その石川の経歴もなかなかユニークである。

石川の経歴を紹介する。

三一年長野県松本市生まれ。東京大学法学部三年生に在学中（五二年五月一日）、メーデー事件に遭遇する。メーデー事件は、「サンフランシスコ講和条約は売国条約だ、アメ公帰れ」と主張する労働者や学生が、メーデー会場の明治神宮外苑から皇居前広場までデモ行進し、皇居前広場に入ったデモ隊員目がけ警察官がピストルを発射し、二人が死亡、およそ一五〇〇人が負傷した事件である。一二三二人が検挙され、うち二六一人が騒擾罪で起訴された。

石川本人の弁によれば「好奇心にかられてただ一人占領終結後最初のメーデーの見物ぐらいの気分で」メーデーのデモ隊に参加した。東大生グループは、労働者のデモ隊を追い越して集団の先頭に立ち、「人民広場に行こう」という声とともに馬場先門から二重橋付近になだれ込んだ。このとき広場で警官隊と対峙、石川は後頭部を警棒でなぐられ裂傷を負う。日比谷病院でのカルテを手がかりに、石川は逮捕される。丸の内警察署で二三日間拘留され、やがて処分保留のまま釈放された。

この体験がきっかけで、石川は弁護士への途を選択する。

弁護士になった石川は、同期司法修習生、橋本敦（のち共産党の参議院議員）に誘われ、東京や出身地の長野ではなく、大阪弁護士会に登録する。事務所は、東中光雄弁護士事務所（東中ものちに共産党の衆議院議員）に所属した。スカウト第一号という。吹田事件裁判弁護団には、毛利与一や佐伯千仭など関西の長老弁護士に加え、若手を含め総勢二三人の弁護士がそろい、検察側と対峙した。

まだ残暑の厳しい九月一一日、大阪の中之島北側に位置する、大阪地方裁判所で、吹田事件の第一回の公判が開かれた。

冒頭、検察側は起訴状を読み上げ、その後、弁護側が釈明を求めた。
弁護側「警備線とはどういうものか？　如何なる根拠でなされたのか？」
検察側「警備線とは須佐之男命(すさのおのみこと)神社前産業道路上に配備された警察官約一三〇名によって警備された点をいう」
検察側は須佐之男命神社を騒擾罪のスタート地点と定めた。
わたしは騒擾罪の起点である須佐之男命神社を訪ねた。かつてわたしの勤め先が放送センターを置いていたのが、ここ国鉄千里丘駅の山手である。毎日毎日二〇年近く通った千里丘駅前で、国鉄の線路と平行して走る産業道路（現在の大阪府道高槻・十三線）からわずかに数メートル北側に奥まった場所にその神社はあった。境内が同じような規模の神社に比べ少し広く感じられたほかは、特徴がない。わずか五〇年前ここに一〇〇〇人を越すデモ隊と一三〇人の警察官が対峙したとは、ちょっと想像できないような小さな神社であった。
弁「警備線を突破した後、暴徒と化したのか？」
検「武装した約八〇〇名の集団が警備線を突破せんとして、暴行、脅迫の行為を開始した時に暴徒と化しているのである」

騒擾罪と表現の自由

吹田事件の罪状である騒擾罪は、自由民権運動を取り締まるための条文として規定した罪名である。日本の刑法の基本を作った、フランス人ボアソナードの草案にはなかったものを、日本政府が追加した。騒擾罪の特徴は、その場にいるもの全員を一網打尽にできることである。例えば、百姓一揆。騒擾罪が最初に想定したケースである。旧刑法の罪名・兇徒聚衆罪の由来は、遠く大宝律令(七〇一年)にさかのぼるほど古い。

日本における騒擾事件の歴史は、そのまま戦前・戦後を通しての社会運動の歴史である。明治期なら自由民権運動期の秩父事件、足尾銅山の川俣事件、大正期なら米騒動、そして戦後の四大騒擾事件(福島県・平事件、東京・メーデー事件、大阪・吹田事件、名古屋・大須事件)であり、七〇年日米安保改訂運動の際、新宿駅騒乱事件(六八年)にも適用された。

米騒動(一八年)では民衆三〇人以上が死亡し、検挙者二万五〇〇〇人以上うち八二五三人が刑事処分を受け、騒擾罪で七七八六人が起訴された。一審判決で死刑が二人、無期懲役一二人を数えた。

このように兇徒聚衆罪、騒擾罪、騒乱罪と名称こそ変わるものの、この罪が誰を取り締まり、誰を守る性格の罪なのかが、はっきりと見えてくる。吹田事件もそうした系譜の例外ではなかった。民衆が他に訴える手段がなくなり、やむを得ずに起こす世間へのアピールだということがよく判る。

戦前と戦後で一番変わったのは、憲法が天皇主権の大日本帝国憲法から主権在民の日本国憲法に変わったことである。日本国憲法には、表現の自由がはっきりと謳われている。

「集会、結社及び言論、出版その他一切の表現の自由は、これを保障する」(二一条)。

そうなると、吹田事件裁判の争点は、騒擾罪に問われた行為が、日本国憲法に定めた表現の自由に該当するかどうかに、ポイントはしぼられた。

こうして結果的に二〇年かかる、永い裁判が始まった。

第四章　日本が朝鮮戦争に「参戦」した日々

小松製作所大阪工場の砲弾加工作業(『小松製作所五十年の歩み』より)

一　朝鮮分断

『黒地の絵』

『点と線』や『ゼロの焦点』など社会派推理小説を確立した作家・松本清張に『黒地の絵』という短編がある。

北九州の小倉に、在日アメリカ陸軍の主力、第八軍（司令部・横浜）の四師団のうち九州と山口県を受け持つ第二四歩兵師団が司令部を置いていた。小倉は朝鮮に近く、マッカーサーは朝鮮戦争が勃発すると、この師団の一万二〇〇〇人を第二五歩兵師団（司令部・大阪）と共に、真っ先に朝鮮へ派遣した。その小倉で事件が起きたのは、朝鮮戦争勃発からわずか二週間後（一九五〇年七月一一日）。八坂神社の祇園祭の戦後初めて再開を翌日に控えていた。アフリカ系アメリカ兵約二〇〇人が集団脱走し、商店の略奪や市民の暴行事件を起こした。当時、小倉市内の朝日新聞西部本社に勤務中の清張がこの事件をヒントに書き上げた小説が『黒地の絵』である。

清張は、映画『無法松の一生』で有名な祇園太鼓のリズムが真夏の街に響く中、複数のアメリカ兵に妻をレイプされた日本人がとる奇妙な行動を小説にした。作家は、戦争や暴力の持つ後味の悪さを表現したかったに違いない。

朝鮮戦争がはじまり、日本国内は巨大な後方基地となった。小倉キャンプ城野（じょうの）からアメリカ兵が朝鮮へ出撃した。脱走アメリカ兵による被害は、小倉市民から警察に被害の届け出があっただけでも、強盗、窃盗、暴行、傷害など七〇数件にのぼった。

小倉市長・浜田良祐（当時）は次のように証言している。

「黒人兵（ママ）が脱走しまして、そして小倉の市内であらゆる暴行をやった。もう今日かぎり自分たちは朝鮮へ行くんだから、いつ死ぬかもわからんというので、中には一家何人というふうにみな暴行を受けて、向こうの兵隊にピストルで撃ち殺された人もいましたし、暴行を受けた女性だけでも二八人くらいおったと思います」（東京12チャンネル報道部編『証言　私の昭和史』学芸書林、一九六九）。

キャンプ城野の一画には、朝鮮で死亡したアメリカ兵の身許を識別するため「死体処理所」が設置された。東京大学理学部人類学教室にいた人類学者の埴原（はにはら）和郎は、アメリカ軍から派遣要請を受け小倉で八〇日間作業した。

「多い日は一日六〇体から八〇体にもなりました。

死臭には馴れていると申しますか、ちょっとやそこらで驚かない自信があったのですが、建物に入った途端ほんとに匂いで鼻さきをぶたれるようなタジタジとする匂いなんです。気分が悪くなるどころじゃありませんね、そんなものを通り越して、これは匂いの壁だと思いました。腐乱死体と申しましてもいろんな程度があるんですが、かろじて皮をかぶっている程度のものや内臓がクシャクシャになっているものとか、それからまったく骨だけになってしまってその骨を食い荒らそうとして蛆虫がはいまわっているとか、そういった実に悲惨な死体です」と証言している（埴原和郎『骨を読む』中央公論社、一九六五）。

朝鮮戦争は日本が意図して始めた戦争ではなかった。しかし、アジア・太平洋戦争の敗戦からわずか五年。朝鮮戦争で人生が変わった人は、日本国内でも決して少数ではなかった。

米ソの朝鮮分割占領

吹田事件の背景として、どうして朝鮮が分断されたのか、どうして朝鮮戦争が起きたのか。吹田事件研究会で平野一郎が背景をレクチャーした。

歴史家は興味深い発想をすることがある。

アメリカの朝鮮問題の専門家、ブルース・カミングス・シカゴ大学教授は次のような疑問を紹介している。「ある日、私のクラスの学生が手を上げて、どうして朝鮮は四五年に分割されたのか、なぜ日本はドイツのように分割されなかったのか、と質問した」(ブルース・カミングス著、鄭敬謨・林哲訳『朝鮮戦争の起源』シアレヒム社、一九八九〜九一)。

この質問を受け、カミングスは事の重大性にはっと気づかされたという。

「そのときは言葉を失ってしまった。その方が「正当な」解決策であったのだ。日本人はこんなことを聞きたくはないと思うが、朝鮮よりも日本を分割する方が正当な処置であったはずだ」

確かに、イムジン河をコンサートで歌うとき、フォークルのきたやまおさむは「日本が分断されたらと想像して」と観客に訴えたが、日本が分断されたと想像する日本人はほとんどいないし、いたとしても極く少数である。

もう一人、歴史家・和田春樹は次のようなイフ(=もしも)を述べている。

「日本がポツダム宣言を八月の最初の数日のうちに受け入れていれば、広島への原爆投下もソ連の参戦もなかったが、それ以上に朝鮮の分割占領もなしにすんだであろう」(和田春樹『朝鮮戦争全史』岩波書店、二〇〇二)。

わたしは、アメリカの原爆投下や都市への空爆は非戦闘員の殺傷を禁じた戦時国際法に違反する疑いが極めて濃いと考えるが、とはいえ日本政府は無垢ではない。

ここで、日本の植民地であった朝鮮が南北に分断された経緯をおさらいする。

朝鮮の戦後処理をはじめて話し合われたのが、日米開戦から一年四ヵ月後(四三年三月)、ワシントンでルーズヴェルト大統領、ハル国務長官、それにイギリス・イーデン外相による会議であった。ルーズヴェルトは朝鮮を信託統治にする方針を伝えた。

同年一一月、アメリカ、イギリス、中国の三ヵ国首脳がエジプトでカイロ宣言を発表した。朝鮮について「三大国は朝鮮の人々の奴隷状態を考え、朝鮮を「しかるべき時期」に自由かつ独立させる」。「しかるべき時期」とさりげなく挿入された文言は、朝鮮の独立をすぐに認めないことを意味した。戦後、植民地の住民は独立を要求するであろうし、イギリスは世界各地に植民地を領有し植民地の独立に反対する。両方の妥協策として、ルーズヴェルトは信託統治制度を持ち出した。

ヤルタ会談(四五年二月四日〜一一日)で「朝鮮の信託統治期間を戦後二〇〜三〇年とし、外国軍隊は駐屯しない」と合意した。

ドイツの降伏(四五年五月)後、米英ソ三ヵ国の首脳は、日本への無条件降伏を求めるポツダム宣言を発表した(七月二六日)。日本の鈴木貫太郎内閣は軍部の主戦派の圧力に負け、ポツダム宣言を「黙殺」すると発表(七月二八日)。アメリカは広島、長崎へ原爆を投下、ソ連は対日参戦を通告(八月八日)、翌九日ソ連赤軍(以下、ソ連軍)は旧満州と朝鮮へ進軍を開始した。この結果、八月一四日、御前会議で昭和天皇がポツダム宣言を受諾する「聖断」を下し米英に通告、翌一五日正午、ラジオ放送で国民に向け発表した。

こうした経過を踏まえ、和田春樹は「四五年八月一五日、日本帝国が降伏をうけいれたタイミングの結果、朝鮮は米ソ両国に分割分断されるに至った」と結論づけた。

三〇分間の作業

朝鮮分断のプロセスを、もう少し詳しく見ていく。

ソ連軍が満州国と朝鮮へ進軍開始(四五年八月九日)したのを受け、一〇日深夜から翌日未明にかけ、アメリカ政府の国務・陸軍・海軍三省調整委員会は二人の若い陸軍大佐に対し、朝鮮分割案を作るように指示した。二人は北緯三八度線による分割プランを提出した。理由は「アメリカ側に首都(ソウル)を含めるため」。作業時間はわずか三〇分間であった(ブルース・カミングス『現代朝鮮の歴史』明石書店、二〇〇三)。

アメリカのピューリツァー賞受賞作家、デイヴィッド・ハルバースタムはこう描いた。

「二人は朝鮮半島の中央部のくびれ付近を横切る線に目を止めた。北緯三八度線だ。こうして地図にダーツを投げつけるより少々複雑といった程度の手順を経て、二人は分割案を持参した」(『ザ・フィフティーズ』新潮社、二〇〇二)。

立案者二人のうちの一人は、ケネディ政権で国務長官を務めたディーン・ラスク(当時、大佐)である。ラスクは「地図は朝鮮の地形が明確に見て取れるナショナル・ジオグラフィック誌のものだった」と証言した(饗庭孝典『朝鮮戦争』日本放送出版協会、一九九〇)。

朝鮮分断の原因をハルバースタムは次のように断じた。「アメリカには正しい判断のできる朝鮮半島の専門家がいなかった」(前掲書)と。朝鮮民族の分断はアメリカとソ連に大きな責任があり、日本がポツダム宣言受諾のタイミングを間違えたという意味で、日本の責任も小さくない。朝鮮分断の結果、日本は受益者となり朝鮮は新たな苦難を強いられた。

ソ連はこの朝鮮分割案をすんなりと受け入れたが、立案者ラスクは「ちょっと驚いた」と証言した。実は、ソ連のスターリンが日本の分割を望み、朝鮮分断に応じたとの説がある。スターリンは日本の北海道北部を占領する計画(釧路と留萌を結ぶ線から北の占領)をトルーマンに提案した。このため、アメリカ側はソ連が北海道北部占領計画とバーターするつもりで朝鮮の分断を受け入れたと推測した(トルーマンはソ連の北海道分割案を拒否)。

またアメリカ政府の軍部は、日本を四分割する計画をもっていた(五百旗頭真『米国の日本占領政策』中央公論社、一九八五)。このプランにアメリカの国務省が反対し、結局、日本の領土は三つに分割された。

「第一は連合国軍最高司令官兼アメリカ太平洋(陸)軍総司令官マッカーサー元帥による北海道、本州、四国、九州の占領であり、第二はアメリカ太平洋方面(海)軍総司令官ニミッツ提督による琉球列島、小笠原諸島の占領であり、第三はソ連極東軍総司令官ワシレエフスキー元帥による『北方領土』(樺太、千島)の占領である」(竹前英治『占領戦後史』岩波書店、一九九二)。

以上のような経過を踏まえ、ブルース・カミングスは米ソによる朝鮮分断が「アメリカの対ソ封じ込め政策が最初に実施されたケースである」と分析する。

朝鮮国内では民衆が独立めざし動き出した。

八月一五日、早くも朝鮮の民族主義者、呂運亨(ヨ・ウニョン)が中心になって建国準備委員会を組織し、アメリカ軍の南朝鮮進駐を前に朝鮮人民共和国の樹立を宣言した(九月六日)。しかし、アメリカは独立を認めず、年末(一二月二八日)米英ソ三ヵ国は朝鮮信託統治プランを発表した。朝鮮国内では受け入れるかどうか、大きな議論がわき起こった。朝鮮の独立否定、分断の固定化の結果、はじめに大韓民国(四八年八月一五日、以下韓国)、続いて朝鮮民主主義人民共和国(同年九月九日、以下北朝鮮)がそれぞれ建国を宣言し、二つの国家が成立した。

最大の問題点は、双方の国家が排他的な国家であったことだ。双方が朝鮮全土を自らの領土とする国家だと主張し、さらに武力統一を志した。北朝鮮は「国土完整」、韓国も「北進統一」という武力統一のスローガンをかかげた。やがて朝鮮戦争に至る。

二　朝鮮戦争と再軍備

朝鮮戦争の起源

吹田事件研究会の席上、平野は「朝鮮戦争の研究で、慶應義塾大学の神谷不二教授の中公新書『朝鮮戦争』が出たときは、正直びっくりしたなぁ。「金日成が武力的・革命的統一戦争として開始した」とはっきり書かれていて、ううんと思った」と証言している。

この神谷説によれば、金日成は内戦をはじめたとき、アメリカは介入しないと予測したという。「朝鮮戦争の研究上の中心的な論点は長い間、誰が戦争をはじめたのかという問題に置かれてきた」（和田春樹、前掲書）という通り、北侵略説と南侵略説に分かれ真っ向から対立してきた。

留意点はこの神谷内戦説が六六年二月刊の著書での発表ということである。

朝鮮戦争が始まった五〇年当時、在日朝鮮人の間で北朝鮮を支持する人たちが多数派を形成しており、この人たちは南侵略説を信じた、という歴史的な事実である。このことは何度強調しても足りない。アチソン国務長官発言（五〇年初頭「アメリカの防衛戦は日本とフィリピンを結んだ線」と発言＝朝鮮半島と台湾は含まれない）、六月一八日、アメリカからジョンソン国防長官とブラッドレー統合参謀本部議長が来日、マッカーサーと協議、同じく戦争勃発の一週間前、ダレス国務省顧問が朝鮮前線を視察しており、こうした動きを積み重ね南侵略説の根拠とされた。

朝鮮戦争は五〇年六月二五日午前四時に勃発した。韓国軍は二三日金曜日に警戒待機命令を解除、攻撃が始まった時刻は日曜日の未明とあって、韓国軍人は当直を除きぐっすりと眠っていた。北朝鮮の人民軍（以下、北朝鮮軍）が猛烈な勢いで南下した。多くの在日朝鮮人には、アメリカが武力で朝鮮統一をめざす金日成将軍の動きを早くからキャッチし、北が三八度線を越え南下するのを、じっと見守っていたと、映った。

東京にあるGHQ（連合国軍総司令部）には午前八時三〇分ごろ、第一報が届いた。日本の首相吉田茂は、朝鮮戦争勃発の第一報の連絡を受けて、神棚の前に進み、

「これこそ天の恵みでありましょう。なにとぞご神助のほどを」とつぶやき深く頭をさげた（日本の再武装を担当したアメリカ軍事顧問団幕僚長、フランク・コワルスキー『日本再軍備』サイマル出版会、一九六九）。

吉田茂の関心事は日本の独立であった。吉田には隣国の戦争が日本の独立そしてアジア・太平洋戦争で疲弊した日本経済の再興への大きなチャンスだと、映った。

六月二五日、NHKの正午のニュースが日本国民への第一報となった。新聞社は号外を出した。

当時、韓国は日本と国交を結んでおらず、新聞社、通信社もすべてAPやロイターなど外国通信社の記事をニュースソースにしていた。NHKは午後一時三二分臨時ニュースを放送した。「北鮮、南鮮に対し宣戦布告」と伝えた。しかし宣戦布告はしておらず、ロイター通信社の誤報であった。がそれをチェックすることも不可能であったとNHKの歴史は書く(『二〇世紀放送史』日本放送出版協会、二〇〇一)。

新聞は翌二六日付朝刊が本格的な報道の最初となった。二六日付の紙面はほぼ全部が戦争開始のニュースばかり。「朝鮮、遂に全面的内戦／京城(ソウルのこと)早くも危機に直面／北鮮軍　東岸四ヵ所に上陸」と大見出しが目を引く。さらに「韓国側戦死四千人か」「双方五万人の兵力投入」と見出しが続いた(朝日新聞、六月二六日付)。

アカハタの停刊とレッドパージ

一方、日本共産党の機関紙『アカハタ』の見出しは「朝鮮共和国軍／全面的反撃を命令／各所で韓国軍の侵入撃退」、「韓国軍から発砲」などの記事がならんだ。いずれも北朝鮮の発表を受けての記事であった。しかし、この記事をきっかけにマッカーサーは六月三〇日、「真実を曲げた。外国の破壊的陰謀の道具であることを示した」との理由から、『アカハタ』に三〇日間停刊を命じた。

朝鮮戦争の開始前(六月六日)、GHQは共産党中央委員二四人(うち国会議員七人)の公職追放を指令、翌七日にも同党機関紙『アカハタ』編集委員一七人を公職追放した。

マスコミ労働者を対象にしたレッドパージが始まった。

すでに前年(四九年)四月、日本政府は「団体等規制令」を公布し、法務省に特別審査局(のちの公安調査庁)を設置、共産党員の届け出、登録を要求した。共産党は勢力を誇示するため登録に協力、五〇年三月当時一〇万八六九二人の登録をすませた。

さらに、同年五月、行政機関職員定員法を制定しおよそ三万人のレッドパージが行われる一方、下山事件、三鷹事件、松川事件などいずれも国鉄労働組合員(国労)の解雇がからんだ不可解な事件が相次いだ。

一〇月中華人民共和国が成立し、冷戦の緊張が一段と強まる中、政府はレッドパージに乗り出した。解雇対象者には、団体等規制令で共産党が提出した党員リストが利用された。

NHK大阪局(BK)には「連合国司令官ダグラス・マッカーサー元帥の命により、左記共産主義者並びにこれに同調せるものは、当建物及び施設内に入るを得ず」と紙が張り出され、指名されたものはアメリカ軍憲兵によって連れ去られた(七月二八日)。

新聞、通信、放送など報道機関五〇社で七〇四人が解雇され、さらに電産労組(電気産業労組)二一三七人が解雇されるなど、労働省調べで、五〇〇〇社余りで一万九七二人、政府機関で一一七一人が解雇された(五〇年一二月調べ)。すべての産業平均の解雇率(〇・三八パーセント)に比べ、新聞、通信、放送の分野でのそれ(二・七パーセント)は四倍も高かった。

しかも、例えば個人のロッカーからアカハタが発見されたとの理由で解雇された事例を調べたら、職場の誰かが本人の承諾なしにロッカーに差し入れただけといったケースなど(当時、NHK東京放送局に勤務していたメディア研究者の川竹和夫から直接聞いた証言）根拠のあいまいなものが多かったし、裁判で不当解雇だと訴えても、占領軍の命令だと門前払いされ救済措置はとられなかった。

開戦から二日後の六月二七日、国連・安全保障理事会は「北朝鮮の武力行使を侵略と断定」と決議した。拒否権をもつソ連は台湾の中国代表権問題で安保理を欠席した。アメリカ軍はこの決議にもとづき参戦したが、北朝鮮軍の勢いは止まらず、開戦三日目に早くも韓国の首都ソウルを占領した。

戦争開始から二週間後（七月七日）、国連軍の創設を決議し、アメリカは国連軍の名で戦うことになった。八月初め北朝鮮軍は国連軍（主に韓国軍とアメリカ軍）を釜山周辺に追いつめた。

しかし、九月一五日マッカーサーはソウル西側・仁川への上陸作戦を敢行し、すぐにソウルを奪還し、一〇月末には三八度を超え北上した。この時点でマッカーサーは「北朝鮮軍の撃退」から「北朝鮮の占領」へ目的を変更し、国連軍は中朝国境の鴨緑江に達しようとした。マッカーサーはトルーマン大統領との会談で中国軍は参戦しないと説明した。

ところが、中国人民義勇軍が参戦（一〇月二五日）、国連軍は三八度線まで追い返される。このように戦況はアコーディオンと呼ばれるほど一進一退が繰り返され、ソウルは四回占領、奪還が繰り返された。

朝鮮戦争の結果、人的被害だけで南北合わせて一二六万人の死者と、南北総人口の五分の一に当たる約一〇〇〇万人に及ぶ離散家族を生み出した。また、経済的な側面を見ると、建造物の四割、生産設備の三から七割、当時の国民経済規模で三〇億ドルが失われた（数字はいずれも『朝鮮を知る事典』増補改訂版・平凡社、二〇〇〇）。

ソ連共産党の秘密文書

朝鮮戦争の起源に話を戻す。

ベルリンの壁が崩壊し（一九八九年）、翌年に韓国はソ連邦と国交を（九〇年）、さらに中国とも国交を（九二年）結んだ。そして九四年ロシアのエリツィン大統領が韓国の金泳三大統領に、朝鮮戦争当時のソ連共産党秘密文書を引き渡したことから、研究は大きく進展した。結論から言えば、こうだ。

「金日成と朴憲永（パク・ホンヨン）が武力統一を強く望み、最初はそれを許さなかったスターリンが五〇年に入り、それを認め、スターリンと毛沢東の承認、援助を受け、北朝鮮が最初に攻撃を開始した」（和田春樹、前掲書）。

つまり、誰が戦争をはじめたかというと、最初の一発目を北朝鮮側が撃ったことはソ連共産党の秘密文書ではっきりした。が、それでは、韓国側に同じような意図はなかったのかというと、やはり、南にも「北進統一」という武力統一論が存在したところに、歴史が一筋縄ではいかない由縁がある。

歴史家のもう一つのイフ（＝もしも）を紹介する。朝鮮問題の専門家、小此木政夫・慶應義塾大学教授の次のような予測は興味深く、示唆に富む。

「もし「冷戦」という名前の米ソ対立が存在しなければ、朝鮮半島の地域紛争はもっとローカルな形で開始され、短時間に終結したことだろう。李承晩、金九、金日成など、海外から帰国した独立運動指導者間のリーダーシップ闘争が深刻化し、そうすれば、武装闘争に長けた左派勢力が勝利し、朝鮮半島は社会主義政権によって統一されていたかもしれない。統一された社会主義国家は市場経済を受け入れ、北朝鮮の住民が現在のような不幸を経験することもなかっただろう」（小此木政夫「北朝鮮問題とその展望」『在日朝鮮人はなぜ帰国したのか』現代人文社、二〇〇四）。つまり、ローカルな内戦であったら朝鮮は早く統一したが、大国が関与した結果、国際的紛争に発展したという。

南北朝鮮にとどまらず、アメリカ、ソ連、中国、日本、台湾、沖縄と東北アジアのすべての国と地域が大きな影響を受けたのが、朝鮮戦争である。しかも、実は朝鮮戦争は休戦協定のままで、講和条約は結ばれていない。早い話、戦闘こそ停まったが、戦争は継続状態なのだ(それも五〇年間)。日本人の大部分はこのことを案外意識していない。

警察予備隊

朝鮮戦争勃発から二週間後(七月八日)、GHQは二枚のメモを日本政府に伝えた。これが日本の再軍備を決めた、いわゆる「マッカーサー書簡」である。

七月八日土曜日の午前九時すぎ、外務省の木村四郎七・連絡局長にGHQの民政局次長が、二枚のメモを手渡した。

「日本の社会秩序維持を強化するため、現有一二万五〇〇〇人の警察隊に七万五〇〇〇人のナショナル・ポリス・リザーブ(National Police Reserve)を設置するとともに、八〇〇〇人の海上保安官を増員するよう必要な措置を許可する」というものであった。実質的な命令であった。

吉田茂は岡崎官房長官らと相談の結果、ナショナル・ポリス・リザーブ(National Police Reserve)を「警察予備隊」と翻訳することで決まり、この日の正午すぎ、官房長官ら二人はGHQに報告した。日本の再軍備が決定するまでわずか三時間であった。

一ヵ月後、国会での審議なしで警察予備隊令(ポツダム政令二六〇号)が決定された(八月九日)。GHQの民政局長ホイットニーは「これは普通の警察ではない。内乱が起きたり、外国の侵略があった時に立ち向かうもので、隊員に将来は大砲や戦車を持たせることになる」と説明した(七月二一日)。この説明を聞いて、岡崎官房長官はこれが軍隊の卵だとはじめて理解した。

日本の再武装を担当したアメリカ軍事顧問団幕僚長、フランク・コワルスキーは、アメリカ本土から飛行機で来日したばかりの部下に対して、次のように注意した。

「日本の憲法は軍隊をもつことを禁じているんだ。君は警察予備隊の隊員を兵隊と呼んだり、幹部を軍の階級で呼んだりしてはならない。タンクを見ても戦車と呼んではならない、スペシャル・ビークル(特車)と呼び給え」と(『日本再軍備』サイマル出版会、一九六九)。

警察予備隊は、八月九日、隊員募集を発表した。募集ポスターには、「平和日本はあなたを求めている」と書いてあり、真ん中に白い鳩が羽を広げている姿と「警察予備隊員募集」の文字が鳩の足下に横たわる。皮肉を込めて言うが、実に平和を愛する時代精神がにじみ出たポスターである。

二年間働けば一年分が退職金として加算される破格の条件であった。このため、定員七万五〇〇〇人の五倍強、実に三八万二〇〇〇人が応募した。合格者ははじめ警察学校で続いてアメリカ軍キャンプで訓練を受けた。いきなりアメリカ軍キャンプでアメリカ軍指揮官から指示を受けたため不満で辞めた人まで出た。

はじめカービン銃から始まり、すぐにM二四戦車が供与され、表向きは警察、実質的には軍隊といういびつな形で、日本の再軍備が始まった。

民団で韓国に義勇兵を送ろうという運動が始まった。勃発からわずか四日目「義勇軍組織へ」(朝日新聞、六月二九日)。さらに翌三〇日には「大阪でも募兵開始」と書いてある。

『民団大阪三〇年史』によれば、

「五〇年八月八日、民団中央では『自願軍指導本部』を設置した。大阪では動乱勃発三ヵ月後(一九五〇年九月)、愛国心に燃えた金圭奉(キム・ギュボン)ら五五名の決死自願兵が民団大阪府本部講堂に集合し、涙ぐむ家族の歓声に送られて、東京・朝霞(引用者註:正確には埼玉県)の米軍キャンプに入隊した。五〇年九月一五日、仁川上陸作戦の戦闘に第一陣五四六名が勇躍参戦した。大阪から五五名が出征したが、日本に帰還した者一六名、国軍に編入した者三一名、さらに二名の戦死者と六名の行方不明者を出した」

また、民団中央のまとめによると、

「自願軍は総勢六四四名に達した。戦死者五九名、行方不明九七名、帰国者二六六名、未帰国者二二二名」(『民団大阪三〇年史』)。

東京の寺に納骨堂と忠魂碑が作られ、在日学徒義勇軍同志会が結成された。

わたしには韓国籍の友人がいる。彼の叔父は義勇兵として韓国に渡り、いまソウルで弁護士として暮らしている。在日韓国人の間で自願兵は決して珍しい話題ではない。家族・親族の消息なのだ。

この時期、興味深い現象が起きた。日本人の志願兵が現れたのだ。

「元特攻隊飛行士という日本人が二人大韓青年団大阪府本部へ姿を現わして参加を希望したが「この二人の方には好意をお受けするだけでお帰り願った」と団長は語っている」(朝日新聞大阪本社版社会面、六月三〇日付)。

北九州・小倉では六月二九日だけで七〇人の日本人が志願した。

「二〇歳台の青年と三〇歳台で三〇歳台の朝鮮引揚者が多い。一見して労働者風が多く裕福な人はいないようだ」(同紙)。最後の一行が、日本人志願者の動機を雄弁に物語っている。

また、反共の立場から義勇兵を派遣したいと、元A級戦犯の児玉誉士夫がマッカーサーに手紙を出した(読売新聞、八〇年一〇月三〇日)。

こうした動きを拒否すると、吉田茂首相が明らかにした。

七月二一日、国会で吉田茂は「日本が再軍備するという疑惑が、日本の対日講和・早期講和の成立をさまたげておる原因」と理由を述べ義勇兵をはっきり拒否した。吉田はソ連の意向を無視できなかった。

アメリカ国内で民主党の上院議員マグナソンが日本人義勇兵を許す法案を議会に提出したが、マッカーサーがはっきりと受け入れを拒否し、結局、日本人義勇兵問題は表向き、実現しなかった(信夫清三郎『戦後日本政治史Ⅳ』勁草書房、一九六七)。

三　特別掃海隊

戦死第一号

マッカーサー書簡のもう一つの目玉が海上保安官八〇〇〇人増員であった。

わたしの手元に一冊の本がある。『海上保安庁五〇年史』(一九九八)、ここに五〇年間の殉職者八二人の名前がずらりと並んでいる。

「昭和二五(一九五〇年)・一〇・一七、六本部　MS一四、中谷坂太郎(さかたろう)」(二八五ページ)。本文には「昭和二五(一九五〇年)一〇月に連合軍の命により、海上保安庁特別掃海隊二五隻が朝鮮水域の掃海に参加し、一九人の死傷者を出したことも占領下の特異な事件であった」(二ページ)とある。

殉職者・中谷坂太郎の家族を捜したら、中谷の兄が大阪に暮らしていることがひょんなことから判った。電話で用件を話し、面会の約束を得た。

翌日、地下鉄で中谷の自宅に向かった。大阪のターミナル・なんば駅からさらに南へ進み地下鉄の駅から歩いて数分、町工場と小さなオフィスビルが立ち並ぶ下町の一画に目ざす建物があった。表札を確認し呼び鈴をならすと、玄関奥から初老の男が現れた。あいさつすると、中谷藤市(とういち)という名刺をもらった。

藤市は二七年生まれで今年七七歳。そうは見えないほど若く見える。かつて消防士を務め、定年退職から相当の年月が経つというのに胸巾厚く肩が盛り上がり筋肉質でがっしりとした体型であった。しかし目つきはやさしかった。

二階の自室に案内された。仏壇の遺影が目を引いた。遺影は中谷坂太郎の若き肖像であった。死亡当時まだ二一歳、ちょっと痩せた頰、人生はまだまだこれからという淋しげな表情であった。わたしは静かに手を合わせた。

本棚に海上保安庁の本や写真集がきちんと整理して並んでいる。

「あの、弟さんのことをいろいろお聞きしたいんですが」と切り出した。

藤市の最初の言葉が、胸を打った。

「弟は戦後第一号の戦死者ですわ。戦争に参加しているんですから……。日本政府の命令で行ってるんですから……、戦死ですよ」

そのあと、親より先に亡くなった弟のことをぽつりぽつりと話し始めた。

「坂太郎はボクのすぐ下の弟で二つ年下、六人兄弟の三男坊。兄弟のなかで二人、一番よく気が合ったんですわ」

藤市は本棚から書類の束を取り出し、机に置いた。書類を早速手に取ったら、セピア色に変色した一通の手紙があった。瀬戸内で両親と暮らす妹から兄・藤市に宛てた手紙だ。

「とつぜん悲しい事をお知らせ致します。

昨日坂太郎の本部から上の人が見えて、十七日(註：五〇年一〇月)の夜、そうかい中、キライにかかり、舟がしずんでしまって、二五人のっていたうち、二一人までが助かり、後四人がだめらしく、四人の中に坂太郎が入ってをります。

夜の事故、はっきりそれとはいえないが、ああやってしらせに来る所を見ると、だめなんでせう。

年とった父がとてもかわいそうで見てをれません。

この事は米軍の命によりほかに漏れるとうるさいらしいから、暮(ママ)ぐれも外言ぬ様にとの事です。ではとりいそぎ、お知らせまで。さようなら」

突然の事故にあわただしく対応する海上保安庁や家族の様子が目に浮かぶ。第一報なので死傷者の数が後で判明した数と異なる。

海上保安庁は家族に口外するなとクギを刺した。が、家族にしてみれば「お国のために死んだ」肉親の真実を世間に話せないことが堪らない。その気持ちは面と向かって話を聞いているわたしにも伝わってきた。朝鮮戦争から五〇年以上経っても出てくるのはため息ばかりであった。

中谷坂太郎は、二九年、瀬戸内海に浮かぶ山口県大島郡沖浦村(現在、大島町)の周防大島で生まれた。父は漁師。一六歳で少年海軍志願兵に応募したが四ヵ月後に敗戦。戦闘に一度も参加することなく海兵団を退いた坂太郎は、翌年、瀬戸内海機雷掃海隊に応募し下関の掃海部に就職した。

当時、瀬戸内海の航路はアメリカ軍投下の機雷約一万個で深刻な打撃を受け、海上輸送が満足にできない状態であった。このためGHQは一般命令二号で「日本国および朝鮮水域における機雷は、連合国最高司令官所定の海軍代表により指示せられるところに従い掃海すべし」と命令した。

朝鮮戦争勃発後、反攻を企てる国連軍は最初に仁川(黄海側)の上陸作戦(九月一五日)、続いて北朝鮮・元山(日本海側)への上陸作戦を計画した。一方、北朝鮮はソ連製の機雷を元山港入り口付近に大量に敷設した。しかも国連軍に満足な掃海能力はなく、日本の掃海艇を当てにした。

仁川上陸作戦から半月後(一〇月二日)、アメリカ海軍参謀副長アーレイ・バーク少将が海上保安庁長官大久保武雄に掃海隊の朝鮮派遣を要請した。大久保は直ちに吉田首相に指示を仰ぎ、吉田は政治決断をした。吉田は「日本政府は国連軍に全面的に協力し、講和条約をわが国に有利に導かねばならない」と目的を明かし「国際的にも微妙な立場なのでこの作業は秘密裡に行なう」と大久保に伝えた。

中谷坂太郎はこの特別掃海隊に参加を決めた。

「取忙ぎ乱筆にて失礼します。

突然米軍の命により朝鮮方面に掃海艇巡視船二一隻行く事になりました。何時帰るやらわかりません。

正月も家には帰れない事と思います。

藤市には行くのやら　わからないと便りをして居りますから、此んど便りをする時には行ったと伝えて下さい。送金の件だが、本部の方から送ってくれるやうになる事と思います。すぐ出港致しますから是れにて／坂太郎」

電報用紙を使い出港に際し、急ぎ書いた両親宛の手紙が、坂太郎の最期の手紙となった。

第二掃海隊隊長の手記

一方、第二掃海隊を指揮した能勢省吾の手記を読むと様子がだいぶ異なる。能勢は元海軍中佐である。第五海上保安本部(神戸)の航路啓開部長として大阪・淀屋橋のオフィスに勤務中、東京の田村久三・航路啓開本部長から能勢に電話がかかった(一〇月二日)。

「朝鮮海峡の浮流機雷の掃海をやることになったから、キミ、指揮官として行ってくれないか?」と打診され、能勢は普通の掃海作業と思い指揮官を引き受けた。

朝鮮海峡は日本の対馬と朝鮮半島の間の海峡、浮流機雷とは沖合に流れ出た機雷のこと。本部長の田村はきちんと実情を説明せず、部下を戦場に行かせたことになる。

大阪湾で掃海作業中の配下の掃海艇にすぐに下関へ急航するように命じ、指揮官の能勢は大阪から特急列車で急いだ。下関港に停泊中の指揮艇「ゆうちどり」で、東京から駆けつけた田村本部長たちと各掃海艇長の会議が行われた(一〇月四日)。

以下、能勢の手記を引用する。

「指揮官会議の席上、田村は「日本掃海部隊は、アメリカ第七艦隊司令長官の指揮を受け、掃海艇は日の丸の替わりに国際信号旗E旗を掲げること」と指示した。

これを受け、各艇長からは、

「朝鮮の現地アメリカ海軍の指揮官の指揮下にはいるということは、朝鮮戦争に参加させられるのではないですか？　そうすれば憲法違反ではないですか？」など疑問点を次々に質したが、会議の最後に田村が「三八度線は越えない」と明言したので各艇長も納得した」という。

下関の岸壁に、乗組員の身の上を案じた家族が見送りに来た。

「唐戸桟橋には掃海艇の乗組員の家族たちが続々と来て騒いでいた。家族たちは掃海隊の朝鮮出動をうわさで知っていた。

「アンタ船を下りて！　朝鮮には行かないでちょうだい。掃海隊を辞めて、うちに帰ってください」など涙ながらに訴えた。

赤ん坊を抱いて「どうしても行くというなら、この子を海に捨てて、私も死にますッ」と悲痛な声の夫人もいたが、船員仲間や艇長らが説得してようやくあきらめてもらった」

一〇月八日早朝、下関を出発した。全指揮艇「ゆうちどり」を先頭に、掃海艇一三隻、巡視艇七隻、乗組員三二三人は朝鮮海域に向かった。行き先は田村だけが知っていた。

灯火など一切出さず暗夜の無灯航行を続けるうち、アメリカ海軍の数隻の駆逐艦が現れ、掃海隊の周りを護衛するがごとく、監視するがごとく付き添った。

針路は北、速力は八ノットぐらい。「ゆうちどり」の航跡をただ黙ってついて行くうち、

「おい北緯三八度線をとうとう突破したぞ。これは大変なことになるぞ」との声がブリッジ（操舵室）で上がった。一〇月一〇日、夜が明けると遂に元山沖付近まで来ていた。遥か沖合に、アメリカ第七艦隊の航空母艦などがずらりとならび、皆びっくりした。

こうして運命の一〇月一七日を迎えた。

ＭＳ一四号

第二掃海隊隊長、能勢省吾の手記を続ける。

「（朝鮮東海岸の元山・永興湾）湾内の静かな海面を掃海しながら航進し、午後もそのまま作業を継続して、左側の麗島の前面を通過し終わろうとしたとき、ちょうど午後三時二一分、海岸にもっとも近い位置にあったＭＳ一四号が突然爆発した。

ドーン！

という低い轟音と共に私がハッと思って振り向いた時には煙とも水煙とも分からない薄暗いものが瞬間的に拡がっていき、辺り一面の海面上を覆って何も見えない。付近が少し見えるようになった時、ＭＳ一四号の姿はなかった。木辺か人の頭か分からない黒い物が、点々として海面に浮かんでいるだけであった」

ＭＳ一四号機関長、井田本吉はこう記録した。

「一五時ごろ私は艦橋側の便所に入った。直後ものすごい音と共に真っ暗になり、前後左右に振り回されたようで何が何だかわからない。上甲板出口付近は海水がザブザブしている。「早く飛び込め！」と叫びながら、伊藤君と飛び込む。油の海で泳いだ。米軍人の起重機のような腕でスーッと摑み上げられる。私は助かった」

ＭＳ一四号は排水量一三五トンの小さな木造船。乗組員二七人のうち、中谷坂太郎が死亡、ほかに一八人が重軽傷を負った。炊事係の坂太郎はちょうど夕食の準備のため後甲板のコック室に戻った時、触雷し、坂太郎の遺体は結局見つからなかった。

周防大島の両親に届いた白木の箱には写真しかなく、両親はショックのあまり寝込んでしまった。葬儀は広島・呉の海上保安本部でしめやかに行われたが、坂太郎の「戦死」は一切発表されなかった。遺族には海上保安庁の上司から、「公になると国際問題になる恐れがある。瀬戸内海の事故と言うことで受け止めて欲しい」と何度も何度もクギを刺された。

一方残された第二掃海隊員は善後策をめぐってもめた。何せ目の前で同僚中谷坂太郎を失ったばかりである。

「各艇が「ゆうちどり」に集合横付けしたときには、すでに夕刻になっていた。

「アメリカ軍の戦争にこれ以上、巻き込まれたくない。掃海を止めて日本に帰るべきだ」

「出発前の下関における総指揮官の説明と話が違う」など、意見が百出した。

田村は直接各艇長と一人一人個別に面接し、掃海継続をイエス・ノーで尋ねた。三人の艇長とも答えはノー。田村はその旨、アメリカ軍のスミス少将に伝えた。「各艇長は日本に帰ることを決めてしまった。私としてはもう万事休す」と」

日本側・総指揮官田村とアメリカ海軍のスミス少将が話し合ったが、スミスが激昂してこう発言した。

「日本掃海隊は掃海を続行せよ。然らずんば日本に帰れ。一五分以内に出港しなければ砲撃するぞ」。この言葉を田村は能勢に伝えた。

これを聞いて現場を預かる能勢は憤怒し、この言葉をきっかけに帰国を決めた。能勢が指揮する第二掃海隊の掃海艇三隻は、一八日午後二時、元山沖の永興湾を出航した。湾内で突然黒い煙が上がるのを目撃したが、韓国の掃海艇一隻が触雷し沈没したと後で判明した。

第二掃海隊三隻は下関に到着し(一〇月二〇日)、能勢はその夜の特急列車で東京に出向き、大久保長官らに顚末を報告した。数日後アメリカ海軍は「能勢たちの行動は脱走行為だ」と激怒し、結局、指揮官と三人の艇長は首になった。

こうした掃海隊の朝鮮派遣に海上保安庁内部から批判が出た。当時保安庁の顧問で国際法の権威、榎本重治が異議を申し立てた。榎本は「今回の作戦参加が日本の公務員としての職務を逸脱しているのは明らかだ」と意見書を当局に提出したが、何の返事もなかった。

結局、日本特別掃海隊は二ヵ月間で作戦を終了、四隊のべ一二〇〇人が従事し、機雷二七個を処分した。ＭＳ一四号のほか、東海岸の群山(クンサン)で一隻が座礁・沈没する事故があり、結局、二隻の掃海艇を失い死者一人、一八人が重軽傷を負った。

一二月五日大久保が吉田首相を訪ねた。

「(吉田は)眼鏡越しの眼を細めてよろこび、「隊員をねぎらってくれ」と硯を引き寄せ、直筆で「諸君の行動は国際社会に参加せんとする日本の行手に光りを与えるものであった」との慰労の辞を書き、愛犬を抱いてわざわざ玄関まで送ってくれた。

また、アメリカ極東海軍司令官ジョイ中将からは、「ウェル・ダン」とのアメリカ海軍最高の感謝状を受け取った。「ウェル・ダン」という賞詞は、アメリカ海軍で最大級のものだと説明があった」と記録している(大久保武雄『海鳴りの日々』海洋問題研究会、一九七八)。

触雷事故から三年半のち、新聞が「戦死」を報じた。

「朝鮮動乱の最中、アメリカ極東軍司令部の要請により日本の海上保安庁航路啓開本部から掃海艇が出動、北朝鮮元山上陸作戦に参加し、隊員から戦死者という極秘事項が明らかになった」(産業経済新聞、五四年一月一八日)。

すぐにニューヨーク・タイムズが東京特派員特電として伝え、さらにAP通信が旅行先のマッカーサーを追いかけ、マッカーサーは基本的な事実関係を認めた。

「日本掃海艇を朝鮮の元山の掃海に使ったことは事実だが、降伏条件に基づく戦後の処理のため使ったものである」と、あくまで戦後処理の一環だと主張した。

このニュースをめぐって、折りから開催中の国会で、共産党の川上貫一衆議院議員が衆議院の本会議で吉田茂首相を追及した(二月三〇日。大阪二区選出)。

川上貫一「元山上陸作戦に日本の掃海艇が参加したというが、事実か?」

吉田茂「朝鮮の捕虜送還に日本から船を送った事実は存じてない。また元山沖の掃海艇云々はマッカーサー元帥が日本にいた時のことで、何も記憶はない」と、完全にとぼけた。

日本の特別掃海隊派遣は日本国憲法違反だけでなく共同軍事行動の疑いが極めて濃い。百歩譲って、日本の占領下GHQの命令を断れなかったとしても、日本がサンフランシスコ講和条約で主権を回復した段階で（産業経済新聞の記事は主権回復後）、日本政府は主権者である日本国民に顚末を説明する責任がある。「日本の国土に攻撃があった場合に認められる」と日本政府が説明する自衛権の行使に特別掃海隊は該当するのかどうか。集団的自衛権とは何か。

集団的自衛権をめぐっては、「集団的自衛権を有していることは、主権国家である以上、当然であるが、（略）行使することは憲法上許されない」（角田内閣法制局長答弁、五八年四月一日）という政府見解がなお生きている。だからこそ、日本国憲法の改訂問題ではこの集団的自衛権の取り扱いがポイントになるのであろう。

いまさら大日本帝国が「自衛権の行使」を理由に起こしたいわゆる満州事変や、「共産主義の脅威」という集団的自衛権を理由に起こしたアメリカのベトナム戦争の例を持ち出すまでもなく、朝鮮戦争当時の特別掃海隊で中谷坂太郎が「戦死」するプロセスを検証すると、日本は法律を遵守する民主国家か、強い疑念を抱かざるをえない。

海上保安庁創立三〇年が一つの節目になり（七八年）、特別掃海隊の派遣当時の海上保安庁長官・大久保武雄が回顧録を出版し顚末を明らかにした。また海上保安庁が東京・築地に「殉職者慰霊碑」を建立し、中谷坂太郎の名を刻んだ。

中谷坂太郎の遺族に勲八等の勲章が届いた。「戦死」から二八年目のことであった。

モルモット船

もう一つ特別掃海隊があった。東京の市民集会で「不戦兵士の会」という会のメンバーを偶然知った。

名前を信太(しだ)正道といい特攻隊の生き残りである。集会後、会場の片隅で話すうち、ふとしたきっかけで朝鮮戦争に話題が移り、何と信太自身が特異な体験をしたことを知った。それは、特別掃海隊と別の任務であった。

信太のキャリアが興味深い。信太は一六(大正一五)年一二月北海道生まれ。江田島の海軍兵学校を卒業後、北海道・千歳航空隊で訓練中、神風特別攻撃隊メンバーに指名された。千歳飛行場近くの旅館で両親に事情を打ち明けると、母は「断ることはできないの?」と言ったまま泣き崩れた。信太は家族に遺書を残し茨城県の百里原飛行場に移動、そこで終戦を迎えた。戦後、信太は海上保安庁、航空自衛隊さらに日本航空のパイロットを経験する。

海上保安庁での任務がモルモット船の作業であった。特別掃海隊の派遣・帰国から三ヵ月後(翌五一年三月)、田村久三・航路啓開本部長が信太を呼んだ。「二ヵ月朝鮮に行ってくれんか?」と打診された。信太はすでに中谷坂太郎の戦死や三隻の帰国を耳にしていた。

いったん木造掃海艇が掃海作業を終えた海域に、改めて二〇〇〇トンの鋼鉄製貨物船・桑栄(そうえい)丸を走らせ、現場海域に高性能の磁気機雷がないことを確かめる実に危険な作業であった。海上保安庁の記号はGP。つまりギネアピッグ(=てんじくねずみ=モルモット)の英語名である。

五一年四月下旬、韓国の東海岸・木浦(モッポ)沖からスタート、東に進み、麗水(ヨス)、馬水(マサン)、鎮海(チンヘ)、釜山(プサン)へと移動した。桑栄丸の作業中、アメリカ海軍の艦艇がぴったりと監視役につき、作業終了後、泊地には必ずアメリカ軍の機雷専門の将校が桑栄丸の海図を厳しくチェック、安全な航路を海図に書き込んでいった。

信太の話には後日談がある。六月下旬下関に無事帰還した後、信太は田村本部長の秘書となった。

中谷坂太郎の海上保安庁葬の際、田村が弔辞を読んだが、ある日、公用車の中で田村が話しかけた。「中谷は不良であった。親父さんは手を焼いていたらしい。しかし、今回はどえらい親孝行をすることになった。四〇〇万円が支給される。親父さんは呉でパチンコ屋を始めるらしい」と。

これを聞いて信太は心の中で叫んだ。「靖国の英霊よ。聞け、これが支配者の本音だ」と。（なお、大阪に住む中谷坂太郎の兄、藤市に確認すると、半年分の給料、退職金、危険手当それに葬祭料など、日本政府から中谷家への補償金総額は、信太が記録した金額の半分ほどであった。差額はどうなったのか、わたしは不思議に思った）。

運輸省の航海訓練所所属の練習帆船、日本丸と海王丸も朝鮮戦争に動員された。運輸省は実習生をおろし、長崎県の佐世保を基地とし、韓国人やアメリカ人を韓国の釜山や仁川港に輸送した（五〇年八月中旬から翌年三月上旬まで）。日本丸と海王丸の合計六回の「特殊輸送航海」によって、五四一一人が日本から韓国に渡った（運輸省航海訓練所監修『練習帆船　日本丸・海王丸五〇年史』成山堂、一九八〇）真っ青の海原に、真っ白な帆をなびかせ、海の貴婦人と呼ばれ、優雅な姿の練習帆船日本丸と海王丸ではあるが、血塗られた戦争の歴史から自由ではなかった。

二二人の死亡

アメリカ軍の元山上陸作戦の際、保安庁の特別掃海隊以外にも、数多くの日本人が現場にいた。「日本船員二二名死亡。元山上陸作戦。遺族補償は立消え」と新聞が伝えた（産業経済新聞、五四年一月二一日付）。

日本海員組合横浜本部の小林勇事務局員（当時三四歳）証言によると、

「五〇年一一月一五日、アメリカ軍のタグボートLT六三六号（六五〇トン）が元山上陸作戦に参加するため、韓国・釜山水域を北上中、機雷に触れ沈没した。船には、アメリカ海軍と雇用計画を結んだ日本船員二七人が乗り込んでいたが、うち二二人が死亡した。死亡者の遺族には報酬月額七二ヵ月分など特別手当が支給されたが、書類の不備を名目に触雷後四年経っても、四、五人の船員に支給されていない」

神奈川県庁の職員が事実関係を認めた。神奈川県の船舶渉外労務管理事務所長・佐川弥一氏談「事件直後一二月上旬この事務所と全日海外船労の二者が白木の箱だけを二二箱つくり、横浜市神奈川区本覚寺に安置し、遺族の元に係員が白木箱を持っていった」。白木の箱に写真だけ。遺族への補償を日本政府が行った。中谷坂太郎のケースと全く同じである。

特別調達庁(のちの調達庁。さらに防衛施設庁)が占領期間中の仕事をまとめ、『占領軍調達史』を刊行した(一九五六年三月)。

わたしは早速、大阪市中央図書館でこの本を借りた。タテ二七センチ、薄い緑の表紙の本をシリーズで五冊借り出した。五冊はやわな紙袋では底が破れそうになるほどの重さで、地下鉄の乗り換えがおっくうになった。

この五冊の本は朝鮮戦争中、日本政府が行った「戦争協力」の実態を明らかにしている。「朝鮮海域において勤務する船員や特殊港湾荷役等に従事する者のうち、一九五一年一月までの間に、死亡、負傷、業務上罹病した者はつぎのとおりである。

a、特殊港湾荷役者=業務上死亡一名、業務上疾病七九名、その他二一名(うち死亡者三名を含む)計一〇一名

b、特殊船員=業務上死亡二二名、業務上疾病二〇名、私傷死四名、私傷病二〇八名、計二五四名

c、その他朝鮮海域等において特殊輸送業務に従事中死亡した者二六名（港湾荷役四名、船員二二名）」（『占領軍調達史・基調編』）。

朝鮮海域で死亡した船員数（cの船員数）とタグボートLT六三六号の死亡者数が一致した。結局、朝鮮戦争勃発後わずか半年間で（五一年一月まで）、特別調達庁の関係で朝鮮戦争に協力しての日本人死亡者数は五六人に上った。

四　女たちの動員

ミス日本・山本富士子の献血

朝鮮戦争への動員は女たちにも及んだ。

山本富士子はこの年一八歳。四月に第一回ミス日本コンテストで選ばれたばかり。朝鮮戦争勃発から三ヵ月後（九月二八日）、そのミス日本・山本富士子が東京・丸の内にある国連軍診療所で献血するなど、日赤は献血キャンペーンに熱心に取り組んだ（日本赤十字発行『赤十字家庭新聞』、五〇年一〇月一二日付）。

日本赤十字は戦争がはじまった直後（七月一〇日）、韓国赤十字に医薬品三トンを横浜港から船積みした。一一月から一二月にかけては「国連軍傷病兵と韓国難民救済のための募金」を実施、国際連合血液銀行への献血をよびかける新聞広告を全国紙に載せる（朝日新聞、一一月一日）など、日赤は国連軍や韓国赤十字を熱心に応援した。

「戦時傷病者は敵味方の区別なく看護されること」という博愛精神が赤十字条約（一八六四年締結）の基本

だが、日赤が朝鮮戦争当時、朝鮮赤十字会(北朝鮮)に献血や医薬品を送った記録はない。

赤紙による召集

「赤紙が来た」のは五〇年一二月八日夜半のこと。福岡県の国立筑紫(ちくし)病院で突然、非常ベルが鳴った。宿舎にいた牧子(まきこ)智恵子(旧姓・古賀、当時二五歳)があわてて事務室に駆けつけると、すでに看護婦数人が集まっていた。

病院の事務長が赤紙をさしだした。赤紙とは兵役法成立(二七年)後、淡紅色用紙を使った召集令状のことで、日赤の看護婦にも使われた。本来使われなくなったはずの赤紙が、日本国憲法下、突然復活した。GHQの動員命令を、日赤本社が佐賀支部に下ろし、支部はなぜか赤紙という大時代な代物を使って召集をかけた。日赤の看護婦学校を卒業した看護婦は日赤への奉仕が義務づけられ、期間も一〇年から一五年と長かった(牧子智恵子の場合、一二年と証言)。日赤はこうした制度を利用して、看護婦を朝鮮戦争に動員した。

牧子は「ひょっとしたら、朝鮮に行かされるのでは?」と、疑念はふくらんだ。

同じころ、福岡のお隣、佐賀県の国立嬉野(うれしの)病院でも看護婦五人に赤紙が届いた。「看護婦が二、三人泣いている」との看護婦長の報せで外科部長が事情を問いただした。「今更よその国の戦争に借り出されるのはイヤ」と赤紙を拒否する看護婦がいた。翌日、病院院長は厚生省九州医務事務所に確認を求め、外科部長は看護婦五人を連れて、日赤佐賀支部へ直談判した。「国立病院の看護婦を日赤から一方的に召集されるのはスジ違いだ。ましてや時代錯誤の赤紙で召集とはもってのほかだ」と召集を拒否した。

ガダルカナル島で従軍した看護婦は「帰ってきたばかりなのに戦争なんか行かればせん」と、泣きながら赤紙を破り捨てた。日赤佐賀支部の主事は「GHQ命令だからどうにもならない」と突っぱねたが、五人が赤紙を返した。「喜んでお国のために働いてくれると思ったのに、日赤への恩を仇で返すのか」と主事はののしったという。

戦時救護班は婦長一人、看護婦二〇人で構成されるが、一二月一一日、予定より五人少ない一六人が集合した。壮行会は佐賀市役所の会議室で開かれた。どの看護婦も戦時中と同じ濃紺の制服に身を包み、飯ごうと水筒を胸にクロスにかけていた。その凛々しさは出陣式そのままで、その厳(おごそ)かさがかえって悲壮感を強めた。牧子は雰囲気がまるで戦前だと感じた。

「身分保障や待遇はどうなっているのか」と看護婦から質問が出たが「これほど名誉なことなのに」と逆に文句を言われた。万歳三唱に見送られ国鉄で博多駅に向かった。

博多駅前に、アメリカ軍のアンブレラというホロ付き車両が迎えに来た。牧子ら一六人は福岡市中心部からおよそ三〇キロ、玄界灘と博多湾を分かち、海に突き出た海ノ中道(うみのなかみち)の国連軍第一四一兵站病院に向かった。

国連軍は日本中に一四の野戦病院を開設した。東京の大東亜病院(現在の聖路加病院)が第四二ゼネラル・ホスピタル。大阪の日赤病院が大阪アーミー・ホスピタルといった具合であった。朝鮮戦争激化にともない、福岡県志賀村西戸崎(さいとざき)(現在は福岡市)に第一四一兵站病院を開設した。患者数約一五〇〇人と大規模であった。

わたしは一四一兵站病院の跡地に調査に行ったが、かつてモンゴル来襲の激戦地でもあるこの地に今はリゾートホテルが建ち、野戦病院の痕跡は何も残っていなかった。

牧子の記憶によれば、この野戦病院に看護婦がおよそ一〇〇〇人、医者はすべてアメリカ人で、患者に韓国人兵士はいなかった。

看護婦の宿舎はカマボコ宿舎で、カーテンなど仕切りが一切なし。ベッドも救急車が使うタンカと同じ横幅の狭い、折りたたみ式の簡易型ベッドであった。一番困ったのは、トイレの個室に仕切りがなかったことで、さすがにアメリカ軍に抗議したらトイレの間仕切りはすぐにつけてくれたものの、宿舎のカーテンはその後も改善されなかった。

牧子は手術室に配属され連日手術を担当したが、アメリカ軍兵士の患者の多くはアフリカ系アメリカ人で、全身ヤケドあるいはパラシュートで降下した際の骨折、中には性病の患者も多かったという。

ゲートを通るとき、男性の警備兵によるボディーチェックが牧子はイヤでたまらなかった。同じ日本の領土だがパスポートの提示が必要で、ある時などパスポートの見せ方が悪いと言って、キャンプの外に立つように命じられた。そこは冬の玄界灘で、強い北風に吹雪が地面をはい回っていたのが、今でも記憶としてはっきりと残っているという。

一方、雇用側も看護婦の身分保障について悩んでいた。国立病院の看護婦が公務員であることから、厚生省九州医務事務所は日赤に抗議した。「任命権者以外のものが、指揮命令をするのは不当である」。国立筑紫、佐賀病院は日赤に対し「応召中の給与、身分はどうするのか」と追及し、日赤佐賀支部からの一六人は約二ヵ月で元の職場に復帰した。

国連軍野戦病院への看護婦派遣について、日本赤十字法案を審議中の衆議院厚生委員会で、議員から日赤に質問が出た。

「九州地方の各地の支部から第一次五四人、第二次二五人、第三次一七人を交替で派遣し、現在六六人が国連軍病院に勤務している」と答弁した(五二年六月二日衆議院厚生委員会)。

日本赤十字の社史『日本赤十字社社史稿』には何の記述もない。支部ごとの社史、『赤十字福岡九十年史』に「看護婦派遣方の要請があり召集打電する」との記述が、また佐賀県支部発行の『百年のあゆみ』にも記録がある。

では、朝鮮半島に渡った看護婦がいたのかどうか。

これについて、ルポライター五島勉が『黒い春』(倒語社、一九八五)に次のように書いた。「五〇年一〇月、福岡県芦屋飛行場(註：現在の航空自衛隊芦屋基地)から、看護婦とメイドの九人が朝鮮半島での野戦病院の衛生兵の数が足らないとの理由で、ダグラス輸送機に乗せられ、朝鮮半島に連れていかれた」と。わたしは日赤本社と労働組合の全日赤に確認を入れたが、裏付けはとれなかった。

日赤佐賀支部には、野戦病院に派遣された看護婦からの手紙が保存されている。

「敗戦国の惨めさが身にしみます。／わたしたち日本人は病気になっても薬一服もらえません。ここは命令でしぶしぶ来たものが働く場所ではありません。／英語ができ、自発的に希望してきた看護婦でないと、勤まりません。／是非、返してください」

五　玄界灘を渡った日本人「兵士」

大分・別府

朝鮮で消息を絶った日本人青年がいると、新聞が書いた。

「別府市海門寺町一斑Y君(二二)は、一昨年(註：五〇年)七月当時別府駐在の米歩兵一九連隊のコックとしてつとめていたが、同君はさそわれるままに同部隊の朝鮮出動に同行したまま消息を絶った」(朝日新聞、五二年一一月一四日付)。

消息を絶ったのはYだけではなかった。

「津久見市、Oさん(三五)の夫Eさん(四〇)も米軍別府キャンプに勤務中Y君と同行、渡鮮(ママ)するといい残したまま消息を断ち、大分郡鶴崎町Hさん(三八)もOさんの話によると朝鮮に渡ったという」(同紙)。

つまり、三人がアメリカ軍歩兵一九連隊に同行し朝鮮に渡ったまま不明になったという。

家族が外務省や大分県外務課に捜索願や調査を依頼した結果、日米合同委員会を通して、極東軍司令部から次のような回答が来た(五二年一〇月一四日)。

「いろいろ手を尽くしたが不明である。Y君の場合、国連軍兵士として参加されるべきものでなく、あくまで一兵士の個人的な勧誘によって無分別な行為をとったもので、その兵士に対しては懲戒処分に付すべき性質のものである」と返答した。

「一兵士の個人的な勧誘」というのが見解であった。

わたしは調査を始めた。津久見市は人口移動が少なく比較的調べやすいかとも思ったが、東京都立日比谷図書館で五十音別電話番号帳を調べても、該当する地区に該当する苗字はなく、津久見の線は消えた。大分郡鶴崎町は市町村合併で大分市の一部となったが、同様に追跡の糸は途切れた。

日曜日の朝、別府市内をレンタカーで回った。別府駅前に海門寺という寺と公園があった。海門寺の玄関を訪れたが、寺の人も五〇年以上前のことはわからないという。海門寺公園の一画には、別府らしく市営の天然温泉があった。番台の許しを得て中に入れてもらった、中は蕩々と透明なお湯がわき出ていた。曇りガラスから朝日が斜めにさすと、もうもうたる湯煙が情緒を感じさせた。番台の女性にあれこれ尋ねたが、昔のことを知っている人はいないと、これまた糸をたぐれなかった。

しかし、現地に行っただけのことはあった。現地が別府駅から海岸側に下りてすぐの歓楽街だと判ったことだ。さらに調べると、地元の松の井ホテルに勤めるかたわら郷土史を研究した佐賀忠男の著書『ドキュメント戦後史・別府と占領軍』(私家版、一九八一)を見てびっくりした。表紙を開けると「戦後別府を代表した二大貸席(特殊飲食店)街」の地図が載っているが、海門寺公園の周辺は二大貸席のうちの一つで、当時三〇軒もの貸席があったことが判った。しかも、海門寺公園の横に「龍宮」という貸席がある。

つまり、Yは、アメリカ軍兵士が日ごろから出入りした「特殊飲食店街」の周辺住民で、アメリカ兵と接点があっても何ら不自然ではないことが判った。

小倉に師団司令部を置くアメリカ軍第二四歩兵師団は、四国と九州を結ぶ豊後水道の警戒要員として、別府に一九連隊の兵士およそ一六〇〇〇人を駐留させた。旧杉乃井ホテルなど多くの旅館を将校用宿舎として接収したほか、特殊飲食店街が誕生した。

湯布院町

別府でいい結果は出なかったが、めざす人が湯布院にいるので、九州横断自動車道路を利用して湯布院町に向かった。湯布院は由布院温泉という高級リゾートという側面と、もう一つ日出生台演習地の土地所有者が多く住む町でもある。日出生台演習場は一九〇八年旧日本陸軍に接収され、戦後はアメリカ軍が、その後は自衛隊が使用している。

めざす人は山下恭子といって、日出生台での演習に反対する市民グループのメンバーである。山下は大分県立図書館に三ヵ月間通い詰め、終戦直後から現在に至るまで日出生台に関係する新聞記事を集め、それを分析していた。

山下といっしょに、スクラップした新聞の記事を調べたら、興味深い記事に突き当たった。「別府市内からアメリカ兵と共に朝鮮に渡った日本人青年が七人いて、そのうち、五人は無事日本に帰還したが、二人は行方不明になったまま」だという(大分合同新聞、五二年一一月二一日付)。

事実関係を要約して書くと、

二五歳のA君は、朝鮮戦争勃発当時、別府駐留軍連隊サービス中隊のコックを勤めていたが、同連隊が朝鮮に渡る前日、くじ引きで朝鮮渡航に誘われた。二〇歳代から三〇歳代の給仕、コックら七人が同行した。一行七人はアメリカ軍と同じ服装を身につけ、大邱(テグ)など最前線ばかり一〇ヵ所、行動を共にした。

A君は病気のため、一ヵ月半ほどで博多に病院船で送還され、その後、二ヵ月ほどで四人は相次いで帰国したが、残るB君(三〇歳)C君(三〇歳くらい)の二人は消息を断った。留守家族の妻は戦死したか、中国軍への抑留を心配して安否を求めたという内容であった。

無事、日本に帰還したA君の談話が新聞に掲っている。

「十数人の労務者がくじ引きし、その結果、私が行くことに決めました。出発前日、母は泣いて停めましたが、決心は変わりません。あの当時としては仕方がなかったのです。朝鮮での一ヵ月間はコックをしていました。戦争は恐い。もう二度と行きたくありません」

大分合同新聞に紹介されたAと、先に朝日新聞に掲載されたYとは、仕事が同じ、時期も五〇年七月と共通点は多い反面、年齢が異なる。大分合同新聞の記事は朝日新聞の記事の一週間後の掲載である。しかし、Yは消息不明、Aは無事帰還と言うことから、同じようなケースが複数あったとの推測が成り立つ。

大分県下で日米間のトラブルを協議するため、日米合同協議会が設置され、大分県知事とアメリカ軍との間で定期的に話し合った。別府市立図書館には「昭和二七年一二月、三〇年一二月迄、日米合同協議会議事録」があり、わたしが調べた限り、新しい事実関係は判らなかった。大分のアメリカ軍は、一〇年間駐留し、五六年七月引き揚げた。しかし、日出生台演習地には今も沖縄からアメリカ海兵隊が実弾演習のためやってくる。日出生台での演習件数は、九五年の沖縄の少女暴行事件以降、増えている。こうした話を聞くと、朝鮮戦争が決して過去のものでないことを痛感する。

赤坂北町

東京にも、朝鮮で消息を断った日本人がいるという。

「朝鮮動乱が起った直後の二五年八月、米軍部隊に連れられて朝鮮に渡った一日本人青年が、京城付近で戦死してしまった。父親から遺骨と遺品の内部送還、国連軍兵士としての戦死の確認、補償金または慰謝料の請求が外務省を通じて在日極東軍司令部に出され、日米合同委員会でも取り上げられた」(朝日新聞、五〇年一一月一三日付)。

「この青年の名前は、東京都港区赤坂北町、ペンキ業平塚元治さん(五六)の長男、重治君(二九)。アメリカ軍兵士がネオ平塚というニックネームをつけた」という。

何事も現地を調べないと、何も判らないと思いながらも、赤坂に向かった。

港区赤坂北町は港区北青山と表示が変わっていた。しかし、肝心の平塚家はすでに引っ越していた。その後何とかルートをたどって引っ越し先が判った。ある大学の西門から一本入った道沿いに四階建てのビルがあった。階段をゆっくり上がってゆくと、四階に平塚という表札があった。

「ピンポーン」とチャイムを押すと、中から女性のお年寄りが出てきた。

「あの、ネオ平塚さんのお宅でしょうか」と尋ねると、ちょっとびっくりした様子であったが、「はい、そうです」と肯定する答が返ってきた。この女性は、ネオ平塚の妹で、リビングに上げてもらい話を聞いた。

「兄さんは苦労して育ったんです。アメリカ兵が朝鮮に連れていってしまってから、父は心配しましたが、アメリカ大使館や日本の外務省からも何の連絡も来ませんでした」

五人兄弟で女は彼女一人だけ、現在はこのビルの一室に一人暮らし。そこへチャイムが鳴った。ネオ平塚のすぐ下の弟が、姉を病院に連れていくためクルマで迎えに来たところであった。わたしは弟にも事情を説明して、さらにネオ平塚のことをあれこれ質問した。

ネオ平塚は長男。

「兄弟のなかで一番できがいいって、いつも父親が自慢していました。でも大阪からたまたま訪ねてきて、姉弟にいっぺんに会えるなんて、アニキのお導きとしか思えないねぇ」とびっくりされた。

ネオ平塚の写真があるという。茶の間の隣、寝室のベッドの上の鴨居に、額に入ったネオ平塚の写真がきちんと飾られていた。この写真を見たとき、わたしは胸が詰まった。妹の胸の中にネオ平塚がしっかり生きていることが確認できたと、思った。

弟の説明を聞いた。

「ネオ平塚こと平塚重治は、朝鮮戦争が始まる年(五〇年)の一月二〇日、旧麻布三連隊跡に進駐してきたアメリカ騎兵第一師団E八中隊に、ペンキ塗りの仕事があるというので呼ばれ、そのまま帰宅しませんでした。これがそもそもの始まりでした。

二ヵ月後(三月二〇日)中隊は神奈川県の座間に移動し、重治は事務仕事を担当したそうです。五ヵ月後(六月中旬)、心配した母親が面会に座間に行きましたが、肝心の息子は不在で会えず、なんでも富士山麓に演習に連れていかれたという説明でした。

朝鮮戦争が始まり、いよいよ両親が心配するので、重治の同僚の友人を探して話を聞くと、七月一六日重治はアメリカ軍の制服を着て中隊といっしょに朝鮮に行ってしまったという。この報せに父親の元治は驚きました。すぐに警視庁に届け出ましたし、また法務省に内地送還の手続きをとりました。ところが、一〇月一〇日になって、突然、重治戦死の報告が来たんです」という。

重治の弟は、そういいながら姉のベッドの上に飾ってあった額をおろして見せてくれた。額の中には、写真と英文の手紙が飾ってあった。

「ほら、兄はアメリカ軍の野戦テントの前で、銃を右手にもっているでしょ。かばん持ちで付いていったのではありませんよ。兵隊として働いていたんですよ」

確かに写真には、笑うではなく、ちょっと緊張気味の表情の重治が写っていた。この時、重治、二九歳。野戦テントの前で右手にしっかり銃をもっている。

さらに、弟は続けた。

「ほら、この手紙がアメリカ軍から届けられたものです」と言って、英文の手紙を示した。

「手紙の内容を紹介しますとね、「ネオ平塚は、八月三〇日南朝鮮の基地付近の戦闘で相当数の敵を倒して戦死した」というんです。

手紙の差出人は、E八中隊のウィリアム・マックレーン大尉なんです。ところが、このマックレーン大尉自身がその年の一一月二日、最前線で行方不明になりました。死亡は確認されたんですが、遺骨、遺品はなかったという報告でした。困ったのは、父です。父は年末(一二月一六日)GHQに息子の戦死確認を求める上申書を提出しました」

ここまで一気に話した後、すこしため息が漏れた。弟はさらに説明を続けた。

「そしたら、翌年になって返事が来ました。「確かに九月四日の南朝鮮での死者に含まれているのは確認した。しかし、重治君は日本占領当局がまったく知らない間に、当局の承認なしに国連軍兵士に変装し密航したものである。埋葬地や所持品は判らない」というべらぼうな返事だったんですよ。いいですか、兄は密航したと言うんです。そんなことありますか。第一、密航する理由が兄にはありませんよ」わたしは慰める言葉を思いつかず、重い沈黙がしばし続いた。

それから、弟はもう一度気を取り直して、説明を開始した。

「父はこの返事によほど腹に据えかねたのか、改めて、釈明を求める手紙をGHQに出しました。さっきの報告が来て、五日後のことですから、すぐってことですよね。

オヤジは「家業を捨てて、父弟妹をかえりみず、中隊と行動をともにして戦死した息子が、密航者の汚名を着せられるのはたまらない」という内容の手紙を出しました。

一生懸命働いたのに冷たいじゃありませんか。アメリカ軍からはそれから返事がきません。仕方がないので、オヤジは外務省に助けを求めました。こうして外務省が日米合同委員会でアニキの問題を取り上げてくれたんです。そうしたら、アメリカ極東軍司令部参謀バーンズ准将の名前で次のような覚え書きが来ました。一言で言えば、軍の命令ではなく、中隊のマックレーン大尉が自分で勝手に朝鮮に連れて行ったというんです」

弟は覚え書きの中身をゆっくりと説明してくれた。

「アメリカ軍は五一年一月から三月にかけて、徹底的に調べた。しかし、詳細は判明しなかった。理由は、マックレーン大尉が戦死したからである。重治君は国連軍兵士であったことはなかったし、第一、国連軍兵士になることはできなかった。だから、個人の不正行為だ。国連軍兵士として戦死したとの主張は確認できない。中隊またはマックレーン大尉の使用人であった以上、家族に補償を行う根拠も権限もないとの結論に達したというものでした」

ここまで説明した後「でも判るでしょ。家族としては納得できませんよ。こんな理不尽なこと」

外務省が窓口になって、GHQと日米合同委員会で交渉したが、結局、大分のY同様に「一兵士の個人的な勧誘」という返事で、門前払いされた。

平塚重治の父親は納得がいかず、調達庁でどうかとお鉢が回った。しかし、調達庁も調査の結果「彼は軍属でも調達庁が雇用した労務者でもない。今回のケースは、四六年に閣議決定した「進駐軍による事故被害者への見舞金の取り扱い」規定にも当てはまらない」

当時の新聞に、父親の談話が載っている。父親はつぎのように胸のうちを開かした。

「遺骨なり遺品なりをくれる愛情味のある手を打って欲しい。ひとの息子を勝手に連れて行っておいて、密航したとはひどいと思う」

結局、八方ふさがりのまま、平塚重治の父、元治は、アメリカ大使館の前で毎日毎日「息子を帰せ」というプラカードをもち、たった一人でデモ行進を続けた。

が、らちがあかず、傷心のまま亡くなった。

抗米援朝

朝鮮戦争に北側から参戦した日本人がいた。

日本の敗戦後、中国人民解放軍に参加し国共内戦を戦った兵士がいることは、朝日新聞のOB記者、古川万太郎が記録している(『中国残留日本兵の記録』岩波同時代ライブラリー、一九九四)。

中国人民解放軍に参加している日本人兵士が、鴨緑江を渡って朝鮮戦線に参加したという。わたしは北側から「参戦」した日本人に直接インタビューしたいと考え、古川の自宅に電話した。ところが返ってきた答は意外なものであった。

「多くのひとは既に亡くなりまして、今インタビューに応じる人はいません。実は、昨年も中国共産党の方から日本に研究者を派遣したいと申し入れがあったんです。しかし、インタビューはできないので、その研究者の来日は中止になりました」という。

ここで改めて、古川の記述を整理する。

満蒙開拓青少年義勇軍の出身者の中には、中国共産党の考えに賛同して人民解放軍に参加するものも少なくなかった。北朝鮮政府はそうした日本人の朝鮮戦線参戦を禁止したが、厳しいチェックをかいくぐって参加した日本人兵士もかなりいた。

その数は、三〇〇人以上説、一〇〇人以下説と諸説あった。朝鮮戦争の休戦協定締結後の五三年暮れ、新台子（シンタイズ）という旧満州の街に、帰国を目指す日本人が数多く集った。長野出身の大巾博幸（おおはば）という満蒙開拓青少年義勇軍の出身者が周りをチェックしたら、大巾本人が確認しただけで、朝鮮に渡った日本軍兵士は二〇数人にのぼった。また、参戦者数は全体で一〇〇人から二〇〇人いたという。

では、なぜにこれほどまでに、日本人兵士が多かったかというと、

(一)外見では日本人も朝鮮人も区別がつかず、たとえ日本人であっても自分で勝手に中国名をつけていれば、チェックの仕様がなかった。

(二)何年も戦争を続ける内に、互いに民族の垣根がなくなり、中国人も日本人も互いに、民族の違いを意識することがなくなった。

(三)部隊全体がすべて日本人ならともかく、少数の日本兵が部隊に入っている場合、見分けが付かない。

古川の著書には興味深いエピソードが載っている。

朝鮮戦争が始まって一年目の夏(五一年)のこと。撃墜後、脱出して捕虜になったアメリカ軍B29の乗組員を搬送する途中、朝鮮人民軍側に参戦した大巾博幸が「アイ・アム・ジャパニーズ」と話しかけた。アメリカ軍兵士ばかりだと思って安心していたからである。ところが、横の捕虜の中に国民党軍の将校がおり、日本人だと名乗った。「あんた長野の出身でっか。わしは大阪の泉南の出身です」と関西なまりで話しかけてきたという。

「なぜ国民党軍に日本人がいるのか。なぜ日本人がアメリカ軍に参加したのか」と尋ねたところ「旧日本海軍の士官だったが、友人から「金になる話がある」と誘われて入ったら、そこはアメリカ軍の空軍基地であったという。当時手薄であった在日米軍の人員を補うため、かなり多数の旧日本軍将校がアメリカ軍に雇われ、朝鮮の戦場に来ている」との説明を受けた。

これを聞いて、わたしは最初「白団(パイダン)」を思い出した。

「白団」とは、旧日本軍将校が戦後、台湾に密航し、蔣介石ひきいる国民政府軍の軍事顧問団をしていた人たちのことで、団長の富田直亮(第二三軍参謀長)の偽名が白鴻亮(パイ・ホンリャン)から命名した。「白団」の活動は、四九年暮れから六九年までにわたるが、世間に知られるようになったのは、本人たちが記録を公にしてからである(中村祐悦『白団・台湾軍をつくった日本軍将校たち』芙蓉書房出版、一九九五)。

国連軍が朝鮮戦争で使った作戦名は、朝鮮の地名を日本語読みしたものばかりである。だから、英文の資料も日本語読みの地名をローマ字表記している。その理由として、韓国軍の将校が戦時中日本の士官学校などで教育を受けたこと(朴正熙大統領が日本の士官学校出身とはよく知られている)もあげられるが、旧日本軍将校が秘かに参加していた可能性は決してゼロではない。裏付けを取るのが非常にむつかしい分野のことでもあり、多くの闇が戦後史に埋もれているに違いない。こうした闇に光が当たるのは、いつのことであろうか。

六　基地国家・日本

基地国家

戦後初めての駐日アメリカ大使、ロバート・マーフィーは、朝鮮戦争に果たした日本の役割について、次のように総括している（ロバート・マーフィー『軍人のなかの外交官』鹿島研究所出版部、一九六四）。

「日本人は、驚くべきスピードで彼らの四つの島を、一つの巨大な補給倉庫に変えてしまった。このことがなかったならば、（アメリカは）朝鮮戦争を戦うことができなかった」

朝鮮戦争勃発に伴い、日本はアメリカ軍の出撃基地と化した。航空機は日本国内の一五の空軍基地から直接出撃した。爆撃機Ｂ29は、首都圏の横田基地（東京都福生市と瑞穂町）、イタミ・エアベース（大阪府豊中市と兵庫県伊丹市）が中心となった。

横田基地には、三〇から四〇機のＢ29が常駐し、一回ごとに一〇〇から一〇〇〇ポンドの爆弾を搭載し出撃した。

航続距離の短いジェット戦闘機は、板付（いたづけ）（＝現在の福岡国際空港）、芦屋（あしや）、築城（ついき）（いずれも福岡県、航空自衛隊基地）を拠点としたほか、岩国（山口県）、立川（東京都）、入間（埼玉県）などがアメリカ空軍の出撃基地となった。またB29墜落事故も頻発した。五〇年一〇月福島県で墜落したのを始め、五一年立川基地近くの砂川中里集落の民家一〇〇戸余りが全焼、さらに翌五二年埼玉県金子村に墜落し、住民など一七人が死亡している。

海軍の関係を見てみる。

長崎県佐世保市は五〇年一月、平和宣言を行い、「平和産業港湾都市」の発足を市議会が決議し、六月六日に住民投票の結果、圧倒的多数で支持された(長崎に原爆が落とされた悲惨な経験も影響している。長崎シーボルト大学で日本マスコミ学会が開かれたとき、わたしは地元の長崎放送が「長崎平和放送」という社名でスタートしたと聞き感銘を受けたが、それほど日本国民、特に原爆の被爆地ヒロシマとナガサキの市民は平和を希求した)。ところが、朝鮮戦争が勃発すると事態は一変。アメリカ軍は佐世保の港湾施設を次々と接収し、ついには臨港地区で市民に使用が許可されたのは、施設の二〇パーセントに過ぎない状態にまでになった。

演習場を見てみると、東富士(山梨県)、饗庭野(あえばの)(滋賀県)などがあったが、アメリカ軍兵士だけでなく、韓国軍将校もここで訓練を受けていた。

こうした軍事施設だけではなく、RRセンター(リターンズ・レクリエーション・センター)といって、アメリカ軍公式の「帰休基地」ももうけられた。

奈良の場合、尼ヶ辻横領のRRセンターには日本人が経営するキャバレーとみやげ物屋が、五二年夏の段階で四五軒、半年後にはいっきょに七五軒に増えた。

日教組(日本教職員組合)が「帰休基地」の実態調査を行った報告集は『基地日本　失われていく祖国のすがた』という。このタイトルが象徴するように、日本は基地国家になった。

日本はアメリカ軍の戦争遂行のための後方基地となった。朝鮮戦争の開戦時、日本にいたアメリカ軍兵士の数は一二万五〇〇〇人、ピーク時には三五万人がいた。

一九五三年一月末当時、日本国内のアメリカ軍基地は七三三ヵ所。全国の基地を集めると、大阪府の面積に匹敵、海上演習地は、九州とほぼ同じ面積を占めた。

アメリカ軍基地は、(一)出撃するための前線基地、(二)物資・兵士輸送のための中継基地、(三)修理・調達のための補給基地、(四)訓練・休養のための後方基地の四つの性格を持った。

朝鮮特需

朝鮮戦争の結果、日本経済は戦前の水準に戻った。

枚方事件の舞台となった、小松製作所の当時の社長、河合良成はのちにこう回顧している。「この会社は当時資本金三〇〇〇万円、現在(六四年)は一五〇億円だから、ざっと五〇〇倍に成長したわけだな。これも全く朝鮮戦争なくしてはあり得なかったろう。あの戦争の直前は(不景気で)全くひどかった。昭和二四年の三月だったたか、次から次と注文の取り消しが殺到してくるんだな。全く朝鮮戦争で日本中が救われたんだね。吉田首相は「神風」といったが」(『週刊文春』六四年八月三日号)。

「在日アメリカ軍を主力とした国連軍が日本で調達する軍需物資とサービス、いわゆる「特需」は巨額に上り、特需ブームをもたらした。五一年には、鉱工業生産が戦前水準(一九三四～三六年＝一〇〇)を越えて一二七・八の指数値を示すにいたり、実質国民総支出も戦前水準を約九％上回る規模にまで回復した」(中村隆英編『日本経済史』岩波書店、一九八九、収録の三和良一論文)。

日本政府はこう総括した。「朝鮮特需は、日本経済の『回生薬』であった」(経済企画庁『戦後経済史』東洋書林、一九九二)。

和田春樹は「日本は朝鮮戦争に『実質的に』参戦した」との見解をとる。

特に、国鉄の働きは特筆すべきものであった。

日本国内は戦時体制に組み込まれて行った。特に全国すみずみまで張りめぐらされた国鉄は、そうしたアメリカ軍の戦時輸送に不可欠な要素となった。戦争勃発直後の二週間、国鉄は臨時列車数を二四五本、客車を七三二四両、貨車を五二〇八両動員した(日本国有鉄道総裁室外務部編『鉄道終戦処理史』大正出版、一九八一)。

この数字は、アジア・太平洋戦争中でもなしえなかった量で、国鉄の軍事輸送史上最高のものであった。戦争が始まる前(五〇年二月)、国内輸送量に占める連合軍輸送量は、全体の三・五パーセントにすぎなかった。しかし戦争がはじまって二ヵ月目(五〇年八月)の段階で六・一パーセント、四ヵ月目(五〇年一〇月)では八パーセントとなり、平常時の実に倍以上を運んだ勘定になる。

吹田事件を起こした夫徳秀らは、海上保安庁の日本特別掃海隊あるいは日赤の看護婦の動員までは知らなかった。しかし連日連夜、朝鮮半島に兵隊や武器弾薬を送り続ける国鉄の軍需列車に対し、在日朝鮮人の人たちは「何とか停めたい」との気持ちを胸の中で増幅させた。この気持ちが、吹田・枚方事件の底流をなした。

第五章　在日朝鮮人と吹田枚方事件

国鉄吹田駅での弾圧（『「吹田事件」と裁判闘争』より）

一　首魁の半生

夫徳秀の半生

吹田事件研究会は、ゆっくりしたペースだが確実に進展していた。問題は、誰に話をしてもらうかであった。その準備に、数人が十三に集まり、一平のカウンターに座って、あの人がいいとか、この人は来てくれるだろうかと相談した。

ある夜、幹事役の平野一郎が、カウンターの中で串焼きを焼いている夫徳秀に声をかけた。

「夫さん、そろそろ話をしてもらえないかなぁ」

「また、冗談を言って」と、夫徳秀は受け流すふりをしたが、いつもはやさしい平野の目が、このときばかりはちょっと真剣であった。

しばらく、間があいて、

「平野さんに言われたら、しゃーないわ」と、夫が講師を引き受けた。

こうして、夫徳秀が自分の半生を話すことが決まった。

わたしは横でビールを口につけながら、これまで頑なに講演の依頼を断ってきた夫徳秀が、なんで、引き受ける気になったのだろうかと、少しいぶかった。

生焼けではなく、絶妙な焼け具合の鳥レバーの串焼きに山椒をふって食べながら、「夫さんがなんで話す気になったのか、それを考えることが吹田事件を考えることではないか」と思い至った。いわば吹田事件の現代的意味であろうか。少なくともわたしは独り納得した。

ただし、答は手許にない。「ジ・アンサー　イズ　ブローイン・イン・ザ・ウィンド」

秦政明が大好きな、ボブ・ディランが胸の中に浮かんだ。「答は風の中さ」。ボサボサ頭のボブ・ディランが頭の上のあたりで苦笑していた。「答は見つかるのかい？」

いつものアジア・ボランティア・センターの四階会議室が会場である。

土曜日の午後、夫徳秀は腰が痛いと言いながら、踊り場で休み休み、エレベーターのない古いビルを四階まで、上がってきた。わたしも付き添って階段を上り、会議室をしつらえた。ハガキで知らせたせいか、その日はこれまでになく、参加者が多かった。といっても、たかだか二〇人余りと言ったところだが。こうして、夫徳秀の話を聞くことになった。

夫徳秀は、一九二九年一〇月一日に生まれた。

両親はともに韓国・済州島(チェジュ)の出身。母親は海に潜ってウニやアワビを採る海女。父親は海女のグループの面倒をみながら、手漕ぎの櫓船の船頭。つまりグループのリーダーであった。母親が大きなお腹を抱えて清津(チョンジン)に出稼ぎに行き、夫徳秀を出産した。清津は北朝鮮の日本海側で一番大きな港である。だから、夫徳秀の出生地は清津だが、故郷となると済州島と言っていいだろう。

夫徳秀がリーダーシップに富んでいるとしたら、その素質の多くは、海女のグループを束ねる父親の影響を受けたのであろう。

夫徳秀「戦前、うちの母親は海女さんで親父は五、六人乗りの船漕ぎ。海女さんを募集しながら港、港へ行きますねん。海女さんたちは、最初、済州島から出発してサハリン、それから元山、清津、ソ連（今のロシア）のウラジオストク、モスクワまで足を伸ばした。何せ冬の日本海は寒いやろ、その冬の日本海で船を漕いで生活する。そういう仕事やから、親父はウオツカと焼酎を飲み過ぎて、腸が悪くなったの」

父親はウラジオストクでウオツカの味を覚えた。酒におぼれた父親はモスクワまで行き、そこで倒れた。「生まれ故郷で死にたい」こう叫ぶ病気の父親を抱きかかえて、母親は幼い夫徳秀と妹の手をとり、シベリア鉄道と船を乗り継ぎ、なんとか済州島にたどり着いた。父親は、願い通り生まれ故郷で息をひきとった。三七歳の若さであった。父親の腸は強い酒に焼かれ、ただれた状態だったという。

父親が死亡した時（一九三七年）、夫徳秀はまだ幼い八歳。妹はもっと小さい六歳。この年七月、日本は日中戦争を起こし、年末には中華民国の首都・南京を陥落し、南京大虐殺事件を起こした。

「親父は三男坊だから家もなければ土地もない。何もない。それでも自分の生まれた故郷に帰った。母親はモスクワから済州島へ帰ろうとしても金が足らん。金を借りて、ようやく親父を済州島に連れて帰ったんです。私も親に手を引かれ、いっしょに歩くわけよ。

親父はお姉さんの家で亡くなったんです。ほんで墓を立てる土地も買えないし、墓は道路ギリギリの端っこのところに何とか作り、逃げるようにして母親だけが日本に渡ったんよ。単身で日本に出稼ぎに来た母親は和歌山県の加太（かた）など主に関西各地で海女として働いた。ほいで、私の妹は母親の姉さんに預け、港、港に立ち寄って海女さんしながらちょっと稼いでね。妹と私を連れに戻って、もう一度日本に渡ったわけ。植民地の暮らしってそんなんやった」

こうして夫徳秀は三八年わずか九歳で、済州島から大阪への定期船、君ヶ代丸に乗って、日本にやって来た。植民地の済州島と大阪を結ぶ船の名前が君ヶ代丸というのは、何とも皮肉な名前である。船の利用客の多くは朝鮮人であったが、船に乗るたび「皇民化政策」を否応なく押しつけられる植民地の現実を思い知らされた。

夫徳秀一家の暮らしが大阪で始まった。

夫徳秀一家が移り住んだのは、南浜(現在の大阪・北区中崎町)であった。夫徳秀一家は家を借りた。現在は南浜という地名はない。

ここでちょっとだけ横道にそれると、イトマン事件をはじめ数々の経済事件を起こした許永中が、南浜にほど近い阪急中津駅周辺で生まれ育っている。夫徳秀と許永中の二人は、ほぼ同世代、在日が多く住む南浜と中津という隣接する地域で育ち、二人の間柄は案外近い。

許永中の父親も、夫徳秀の伯父もともに漢方薬を商っていた。中崎町一帯に暮らす多くの在日朝鮮人は病気になっても医者にかかる費用がなく、安い漢方薬をあてにした。結局、漢方薬商が効果が優れた漢方薬を、膨大な処方箋の中から選んで勧めた。漢方薬商は地域の命を預かる大事な仕事で、膨大な知識が必要である反面、一度培った信用は絶大であった。許永中の父親と夫徳秀の伯父とどっちがはやるか、互いによきライバルであったという。

南浜に隣接する中崎町には、今も韓国系の民団大阪府本部と、朝鮮籍の商工関係者が利用するミレ信用組合(かつての朝銀近畿)の大阪事務所。さらには、許永中の自宅があり、お寺のような大きな門や木造の大きな建物があたりを睥睨している。

そんな朝鮮人が多く住む環境で、九つになる夫徳秀少年は日本の公立小学校には行かず、大阪弁で言うゴン太、つまりワンパク少年として育った。
森潤「こっち来たのは、小学校上級生の年齢ぐらいになっていたはずやけど、夫さんは学校へ行ったの?」
夫「全然行ってへん」
森「家の手伝いしてたの?」
夫「手伝いすることなんかあらへん。遊んどったよ。母親が済州島から私を連れてきたけど、親族が北運送という会社でトラックの運転手してたから、なんとか暮らしていけたんやねぇ。親族は軍需物資運んでいた。わたしら家族が暮らしたのはそこです。

ところが、戦争がだんだんきつくなって、アメリカ軍による大阪空襲がいよいよ激しくなってきた。たまたまお母さんの兄さんの息子夫婦が群馬県に住んどったから、そこへ疎開することに決めたんですわ」

アジア・太平洋戦争の戦況の行方は、誰の目にも明らかになってきた。日本の敗色が濃くなり、大阪市内へのアメリカ軍の空襲がいよいよ激しくなってきた。
夫「空襲が連日大阪できつかったころ、親族さん夫婦と息子、それに私たち一家三人が、空襲で近所の人と一緒に防空壕に入ったんや。空襲が終わったら、親族と息子の二人は亡くなった。昔の路面電車の阪神・北大阪線沿いに読売新聞販売店があるんやけど、そこに人が一人歩けるくらいの細い路地があって、地蔵さんがぽつんといまでも同じ所に建っている。そのお地蔵さんに、防空壕で亡くなった人の名前が書いてあんねん。本当は親族が亡くなったやねんけど、誰がどう間違ったんかしらんけど、うちの母親が亡くなったことになって、母親の名前が書いてあんねん。たまに覗くんですけどいまだにあんねん。母親がもうええやないかと言うて、そのまま直してはいないんよ」

夫徳秀一家は疎開を決めた。疎開先は、群馬県の赤城山のふもとであった。国定忠治の「赤城の子守歌」の舞台である。夫徳秀の従兄がダム工事の飯場で働いていた。

夫「そんなわけで群馬県へ疎開したわけ。このころには、もうすっかり年頃やったから今でもはっきりと細かなことを覚えてる」

森「国鉄の駅から行くの？」

夫「沼田の駅で列車降りて、駅から坂登っていったら村役場か郡の役場があって。バスに乗るんですわ、バスで川べり沿いを走って四つ目の停留所で降りて吊り橋を渡る。利根川上流の方、当時ダム工事に従事中の従兄が私たちを宿舎に連れて行ってくれた。

小さな部屋でねぇ。あの時はなに、尋常小学校か、国民学校か覚えがないけど。もう私は卒業してもいい年になったと思うんやけど、なぜか一年間学校に通い続けましてん。一年間初めて通いましたわ」

森「そのころ僕は中学校に入ってたから、夫さんは遅れてたんだね」

夫「行って何する言うても、実際は勉強よりも藁で作った人形を竹やりで突く軍事教練、あればっかしやね」

森「竹やり訓練？」

夫「学校の校庭にちゃんと立ててあんねん。ほんでわたしが生徒会副会長。二、三〇人の小さな学校ですよ。そこの生徒会副会長や。母親は何したか言うたら、いわゆる地主さんとこの木を刈ったあとへ、トウモロコシ植えたり、小作農で畑仕事やっとったわ」

西村「食べるものはなんとかなったんですか?」
夫「あそこではトウモロコシや大根でなんとかなったね」

敗戦・解放

日本が敗戦を迎えた日のことを、夫徳秀は特に記憶していない。
西村「ラジオで知ったんですか?」
夫「どうやって知ったかなぁ。従兄と住んどったから……。ダム工事の現場でラジオ放送聞いた日本人通じて、兄貴が聞いてきたんやと思うわ」
西村「他の同胞の人との連絡はどうしたの?」
夫「兄貴が連絡とりよった。これで朝鮮人は解放された。クニに帰ろうと」
帰国費用が必要であったが肝心の金はなく、夫徳秀一家三人はとりあえず当座の生きる糧を得るため、ポン菓子作りや闇市に精を出すことにした。
夫「群馬県はトウモロコシ畑が多いから、従兄がどこからか、菓子作りの機械をもってきたんや。丸い機械にトウモロコシを入れて……、下から炭火を炊いて、こう回して。そういった作業をようやらされたわ。パーンとね。東京、横浜へ、作って売りに行きましたんや。一番電車乗って……横浜の闇市。まだ幼い私は売る役ちゃうねん。荷を担ぐ役や」
森「同胞相手ですか?」
夫「日本の人もいましたよ、いろいろじゃない。ポン菓子っていうのは、大豆、米や黒豆などを混ぜて入れて。ようあんな機械が田舎にあったもんや。どういう情報で商売をやったんか、幼い私には全然知らんかったけど。そればっかりやらされたわ」

戦後二年経ち、夫徳秀一家は済州島へ帰る決意を固めた。

夫「戦後二年くらいしてから、国に帰る決意して、僕らと従兄らの家族は赤城山から大阪に戻ったわけです。私とこが三人、向こうが夫婦と息子。大阪・南浜の伯父の家なら、住む権利があると思って帰って来た。ところが行ってみるとすでに別の親戚がいっぱい住んでて、来てもらっては困ると言われた。とはいえ交渉して、部屋をひとつもらって六人で住んだ。数ヵ月後には、従兄たちは大阪港から家族ぐるみで済州島に帰ったわ。従兄んとこは、ダム工事やそこらでちょっとした金を持ってたからね。

僕らは生活せなあかんから。母親がまた和歌山の加太とか兵庫県西宮の甲子園あたりに、海女さんをしに行った。戦前戦後、南浜には毛メリヤスなどをやってる朝鮮人がいっぱいいた。母親は、自分で採ってきたナマコやワカメをそうした朝鮮人へ売りに歩いた。その金でこんどは大阪の八尾に野菜を買いに行ったりしたわ。

毎日海女さんするわけではなく、八尾に足を運び白菜やキャベツを買って、ほいでうちの近所を歩いて売って、そうやって生活費にしていた。今になって不思議に思うのは、うちの母親は日本語をほとんど知らない。聞くのがちょっとできるくらいで字はもちろん知らない。だから、どうやって日本人と話をつけたのか。生活力がたくましかったんやねぇ。

うちの母親は、海女さんしたり、夜は夜でタオルで目だけ開けて、ダンボールや新聞紙を工場の前から拾って担いで、問屋みたいなところに売って生活しながら金を貯めたわけ」

夫徳秀が民族意識に目覚めるきっかけは、民族組織の夜間学校であった。

「母が小銭を靴下に入れて畳の下に隠しているのを、悪いけどピンはねして持っていってはじめた活動が出発点やった」

平野「その時日本語の読み書きは?」

夫「読めないし書けない。夜間学校が開講し、週三回、哲学とか経済学とか。初めて、私はマルクス・レーニン主義というのを勉強することになったんですわ。植民地から解放され、民族的な祖国愛に目覚め、そのうちにマルクス・レーニン主義を叩き込まれたわけですよ。そうやってる間に、戦後、朝連(在日本朝鮮人連盟)という団体に在日同胞が集まっていったんですわ」

夫徳秀は民族組織の青年組織ではじめて勉強らしい勉強をスタートした。

夫「南浜には、戦前、朝鮮総督府に関連した大阪府の朝鮮人訓練場があった。今の民団大阪府本部のあるところ。そこに朝鮮人だけ集めて訓練した。

戦後はそこに朝連の事務所を作ったり、国に帰る人らの臨時宿泊所にしたり。当時は立派な建物だった。私の住んでる建物の真後ろだったので、しょっちゅう遊びに行ってた。

民族組織の青年組織、民主青年同盟の事務所が朝連の事務所のすぐ近くにあって、タバコを買うなど使い走りをしたり、いろんなニュースというか世界情勢を聞いた。

夜間高等学校というのがあって、講堂に椅子があって立派なピアノがあり、民族教育をやっていた。民青の本部が運営してね。私は一七歳。そこへ一、二年通って勉強した。その時は川上貫一先生(大阪二区選出の代議士・日本共産党)が哲学担当、いろんな日本の先生がきていた。朝鮮語とか朝鮮の歴史は、朝鮮人の年寄りが教員免許なしで話した。それを後ろの方で聞いていた。

子ども向けの学校とは違って、青年の集まりだった。李承晩（イ・スンマン）単独選挙や共和国での選挙、そういう話をいろいろやったわ。

解放後まもなくは、民族解放の要求デモをやっても、アメリカの第八軍が守ってくれた。デモが堂々とできて、日本の警察ではどうにもならない。ところが南朝鮮で単独選挙ということになって、まもなく北朝鮮（朝鮮民主主義人民共和国）も建国した。大阪府下の八尾市に朝鮮の高校あるでしょ。あの時青年同盟の委員長だった人が共和国の旗を立てて大会をやろうとしたら、それがあかんといって警察が来て集会を解散させた。大方の人は逃げたけど、一人、本部の宣伝部長が警察に捕まって強制的に韓国に送還された。これを国旗事件というんやけど、国旗一つあげることが送還されれば韓国では厳しい処罰が待っていた。生きるの死ぬのに結びつく。みるみるうちにそんな厳しい時代が来ていた」

「逆コース」と阪神教育闘争

アメリカとソ連の冷戦対立が激化し、アメリカは占領政策を大きく転換した。その象徴が、トルーマン・ドクトリンである。四七年三月のこと。トルーマン大統領はアメリカ議会で「共産主義の拡大に対抗するため、自由と独立の維持に努力しかつ少数者の政府支配を拒否しようとする諸国に軍事的・経済的援助を与える」と宣言した。

東アジアでは暴力の嵐が吹き荒れる。台湾では二・二八事件（四七年）が起きた。中国共産党に中国本土を追い出された国民党は、台湾全土に戒厳令をしく。台湾住民による反国民党暴動で一万八〇〇〇から二万八〇〇〇人と推定される犠牲者がでた。韓国では、アメリカ軍が推進する単独選挙に反対して済州島四・三人民蜂起事件が起きる(四八年)。

アメリカ軍と朝鮮人の蜜月時代は、終わった。

平野「いつごろから、活動家になったの?」

夫「四七年の一〇月頃かな。組織で会議が終わって、組織内の文書というのが出たら支部に配る。文書を作ったり、ガリ版を切ったりした。「各支部へ渡せ」と私は言われ、大阪府下にある全部の組織に配達した。その間上司のおっさんら飲み歩いとんねん。いわば民族組織に入りびたりの生活。あとで組織部・指導員という肩書きをもらった」

森「警察に後つけられなかった?」

夫「そのころはないよ。それから間もなしに阪神教育闘争があったでしょ。そこへ参加した。にぎり飯運ばなアカンしねぇ」

阪神教育闘争は、GHQの占領政策が民主化から冷戦重視に舵を切った時期におきた。

在日朝鮮人は植民地時代、民族学校を禁止されたが、日本の敗戦後、各地に民族学校を設置した。二年後(四七年一〇月)、学校数は五七六校、生徒数は六万人を超す規模にまで発展した。奪われた母国語、民族の歴史と文化を取り戻す体系的な教育を実施した。

ところが、GHQは日本政府に「朝鮮人学校を閉鎖」を指示、文部省は学校教育法に従うように求め、四八年四月、文部省は全面的な学校閉鎖令を指示した。

四月二四日、兵庫県知事室で知事らが対策を協議中、朝鮮人の父母約二〇〇〇人が話し合いを求めてなだれ込み知事室を占拠した。このとき、興味深いエピソードが残っている。

アメリカ軍政部からＭＰ（軍事警察つまり憲兵）三人が知事らの救出に現れ、拳銃を朝鮮人に突きつけた。その時、金昌植（キム・チャンシク）という朝鮮人男性が胸をはだけて立ちはだかり、「射つなら射てっ！」と対峙した。若い女性も続いた。ＭＰはその威勢に押されすごすご帰っていったという。それほど朝鮮人の抵抗の意思は強かったことを物語る。

知事はいったん閉鎖令を撤回したが、翌日、ＧＨＱは日本占領下、唯一の非常事態を宣言し、撤回命令を取り消した。このとき、ＧＨＱは一連の事件報道を許さず、二六日付け神戸新聞には事件のことが一行も載せられなかった。

学校閉鎖令に対する朝鮮人の抗議運動は、大阪にも飛び火し、二六日大阪府庁前で開かれた集会では、警察官が発砲し、一六歳の金太一（キム・テイル）少年が射殺された。この集会で連帯のあいさつをした村上弘（ひろむ）（のち八七年から二年間、日本共産党委員長）は占領目的阻害容疑でアメリカ軍事裁判にかけられ、重労働四年の判決を受けた（「政治革新と私」毎日新聞、八九年一一月九日付）。

こうした阪神教育闘争で、朝鮮人約三〇〇〇人が逮捕され、うち一七八人が起訴され、軍事裁判で重刑が課された。

その後、朝鮮学校の問題は、現在に至るも根本的には解決していない。朝鮮学校は、学校教育法第一条で定める学校ではなく、いわゆる各種学校扱いとなっている。国公立大学の受験資格は生徒一人一人個別審査でようやく認められるようになった（二〇〇三年）が、欧米系の外国人学校では学校単位で受験資格が認められていること、通学定期や学校への助成金の問題など、いろいろな差別がある。こうした日本政府の朝鮮学校への差別は、国際人権規約に違反するとしてジュネーブの国連人権委員会で日本政府に対する改善勧告が決議され、国際的にも批判を浴び在日朝鮮人による抗議運動が永く続いている。

阪神教育闘争をきっかけに、夫徳秀は在日朝鮮人の活動家になった。

朝鮮戦争が始まって、日本のあちこちでアメリカ軍の注文で武器や弾薬の生産が始まり、その武器弾薬は日本の港から釜山など韓国の港に向け積み出された。こうした動きを知って、夫徳秀たちは職業安定所で港湾労働者の仕事を申し込み、合法的に貨物船に近づいた。

夫「大阪港に、一〇〇〇トン二〇〇〇トンの貨物船が出たり入ったりするでしょ。その横に、はしけで荷物を運んでいく。はしけに乗ってる船漕ぎのおっちゃんおばちゃんがおって、そうした人たちにビラをまく。するとおっちゃんおばちゃんから「これ内緒やで。この荷物はなぁ朝鮮戦争に送る荷物や」といった情報が来るんや。そしたら、中身知らんけどはしけから荷物かついで行って。それを誤って海に落としたようなふりをして自分も海の中に飛び込んで逃げる。

「ヤッター」という感情。こうした闘いを二回くらいやった。荷物の中身のことは全然知らんかったけど、ただ朝鮮戦争への武器弾薬の輸送を阻止したんだと思ったわけよ。戦争が起きて間もなしにそういう活動をした」

西六社

大阪に二〇〇一年ユニバーサル・スタジオ・ジャパンがオープンした。わずか一年間で入場者数が一〇〇〇万人を越し、世界のテーマパークで最も早いスピード記録で大ヒットし、日本各地のみならず台湾や香港など東アジア各地からの観光客で賑わっている。この地域一帯は、かつて西六社と呼ばれた。日立造船や住友金属など、日本を代表する重工業の大企業六社の工場が並び、同時に、多くの工場労働者が働き労働運動の盛んな一帯でもあった。

朝鮮戦争が勃発すると、夫徳秀は朝鮮戦争に反対し北朝鮮への支持とアメリカの軍事介入に反対するビラを大阪のあちらこちらで撒いた。当時、ビラまきで日本の警察に逮捕されると韓国への強制送還が待っていた。だから、ビラまきは慎重の上にも慎重に計画を練った上で、実行に移された。また、いざ実施するとなると見張りやレポ（連絡）役など集団で組織だって行われた。

例えば、大阪・梅田の阪急百貨店の屋上に行き、警察官がいないかどうか周囲をよく見回す。不審な人がいないのを確認するとビラの束を屋上の柵の外にくくりつけ、それからおもむろに束のひもを切る。すると、大量のビラが国鉄大阪駅の方へ宙を舞ってひらひらと地上に散らばっていった。朝鮮人グループは警察官がかけつける前に逃げ出す。そんな闘いを続けたという。こうした活動を続ける中で西六社で事件が起きた。

夫「西六社には労働者が多いからと、ガリ版で切ったビラを駅で出勤する労働者に配ろうとした。五、六人が組んで、私が見張りに立ち合図したらビラを配る段取りだった。ところがその時はいきなり警察が来た。仲間を先に逃がし、私はと言うと、工場の守衛の方に逃げていった。どうなるかと思ったが、瞬間的に守ってくれると思って「労働組合の事務所に行ってきます」と言った。すると守衛は「はいどうぞ」と返事した。

工場内では、どこへ隠れようかと思って働いてる人に思わず、「実はビラ配りしたんです。逃がしてくれませんか」と頼んだら、今度も手で方向を示した。

結局、工場裏手の春日出の方に逃げた。市電の車庫があったとこ。路面電車が走ってるところへ逃がしてくれた。ほら、わしは海女の息子やろ。でも、その時は「プロレタリアートの国際連帯」というと大げさやけど、労働者階級というのは素晴らしいもんやと心の底から思ったね」

夫徳秀は西六社でのできごとを、「私、一生忘れられへんわ」という。

その理由を問われて、夫は照れながら、こんなふうにしゃべった。

「私は朝鮮人で日本語も達者じゃない。幹部連れて頼んだわけでもない。そこで仕事してる人にビラ配りやってたら警察に追いかけられたので助けてくださいといったら、はいと言って、春日出まで送ってくれた。朝鮮戦争に反対して、日本人と朝鮮人の気持ちが通い合ったわけ。そういう思いが現在でも必要じゃないのかねぇ」

朝鮮戦争に反対し生活をなげうって戦争反対闘争を続ける夫徳秀に、西六社の労働者は必死さを見いだしたのではないだろうか。

現代だったらどうであったろうか。東京証券取引所一部上場会社の大企業の守衛は「労働組合に行きたい」という見知らぬ男をゲートで通すだろうか。そして、工場内の労働者は、ビラまきで逃げてきた見知らぬ男を逃がしてくれるだろうか。なぜ西六社の労働者が、ビラまきで逃げる朝鮮人を逃がしたのか。いろいろな想いがわたしの頭の中を駆けめぐった。

二　吹田事件

待兼山での集会

夫徳秀の話はいよいよ吹田事件に及んだ。

夫「私の場合、当時わかっとるのは、日本共産党の中に民族対策部があって、多くの朝鮮人がいた。もうひとつは朝鮮人の民族組織、民戦（在日朝鮮統一民主戦線）という大衆団体があって、その裏に労働者を中心として祖国防衛隊というのがあるんですよ。これ非合法やから誰がメンバーなのか、私にもよう判からない。で、私は上からの指令で、民主愛国青年同盟の大阪本部の委員長に就任しなさい。こういうことですわ」

夫徳秀が大阪府委員長に就任した民主愛国青年同盟は、民戦の青年組織であり、結成が五二年六月一〇日というから、吹田事件のわずか二週間前であった。

西村「吹田事件当夜、待兼山で集会後、何をするのかというのは、上部組織から連絡があったのですか？」

夫「メモですわ。メモひとつでどこそこへ来い言うて、そこに行ったら誰かが来て、偉いさんが、「このメンバーで実行せえ」言われて、「はい」という返事。それだけですわ。今でこそ明かすけど、そういう非合法の時代やから。こんな話題は、えらく話しづらいわ」

平野「夫さん、待兼山で集会やりますね、その時にもらったメモは「吹田操車場へ……」って書いてあったの？」
夫「ちょっと前にもらった」
平野「前にもらってたんですか」
夫「現場に行ってはもらえへん。自分らが連れて行った会員さんをどう団結させるか、それまでの連絡ルートはバラバラで違うから。横の連絡一切ないから。お互いに顔もわからへん」
平野「それを知ったのはいつですか？　吹田操車場へ行くんだということをご自身が知ったのは前日ですか、当日の午前中ですか？」
夫「一週間くらい前……」
森「どんな紙なの？」
夫「白い、とにかく薄いやつやねん」
こうした連絡方法により、夫徳秀は阪急石橋駅から歩いて大阪大学豊中キャンパスに赴いた。夫の記憶では、当日の午後一〇時ごろのことだという。
午後八時ごろには、グラウンドですでに学生たちの集会がスタートしていた。にもかかわらず、夫徳秀たちの到着時刻が午後一〇時ごろということは、集会後の行動を前提とした計画であった。
西村「指導者は事前に、デモコースなり、戦術、戦略練りますよね。そういうのはどうだったんですか？」
夫「それはね、上でやってきとるから判らん。けど今考えたら年寄りが一人、私の前に立つんですよね」
西村「それは朝鮮人ですか？」

夫「朝鮮人も日本人も一緒ですよ。だから、一番先頭になったのは、日本の人では三帰省吾。彼が全責任者。その横にもう一人、朝鮮人の民戦の責任者がおって、私は朝鮮人の青年部隊の責任者。日本の民青の責任者は誰か判らんけどね。それが先頭になっとったわけです。要するに、三帰さんの案内でデモしているわけです。ずーっと」
西村「判決文を見ると最初に三帰さんの名前があって、「騒擾罪（首魁）」とあって、その次は夫さんで……」
夫「首魁は二人、両方ですわ」
西村「で、結局のところ、三帰さんの指揮、だったわけですか、デモコースとかは？」
夫「そうですね。顔は知りませんよ、非合法やから。それ以前にお互いに会うたこともないし。だって指令に基づいて待兼山で初めて知り合って、あとになって裁判所で三帰さんという名前やと初めて知るわけ。三帰さんが指揮をとって私はその横へ立てと言われて、ほいで一緒にやったわけですよ、今言えることは。裁判の時こんなん言ったら……間違いなく首魁や言われとったのに（笑）、言わんだけですやん（完全黙秘を通した）。今やったら何ぼでも言えるけど」
平野「夫さん、あのね、阪大の待兼山に朝鮮戦争反対の大衆集会があるというので大阪大学の学生を中心とした大衆が集ってきますね」
夫「その人たちがいて、それから別の場所で反戦の労働者集会があって、その反戦労働者の中心が当時最も先鋭な電産労働者であった三帰省吾さんでした」

再び、夫への質問に戻る。

西村「参加者の間で「待兼山集会で終わらずに、吹田操車場まで行って朝鮮戦争へ武器や弾薬輸送に反対する意思表示をそれぞれするんだ」という、事前の意思統一があったわけですか」

夫「私らにはないですね」

西村「えっ、なかったんですか?」

夫「ええ。組織の上の人たちには計画があるわけですわ。当時の日本共産党には、その中に民族対策部いうのがあった。そこに大物がおって、その下に今度は大衆団体の議長とか委員長とか支部長とかがおるわけですわね。だから、私にはわからんわけですわ」

西村「その指令を出した人たちは、現場に来ていなかったんですか?」

夫「私は大衆団体の責任者ですわ。三帰さんとはその時が初めて会った。それまでつきあいがないし」

西村「三帰さんと夫さんは現場で集会が始まるときにはじめて名乗ったの?」

夫「名乗りもしません。ただ三帰さんが先頭に立ってリードしました。「あっち行け、こっち行け」言うて。「そこで止まれ、休憩せい」」

一方でゲリラ活動の別働隊が横で何をしとるかは、まるっきり私にはわからんのです。それぞれ小グループに別れて。お前のグループはこうしなさい。お前のとこはこうしなさい、お前は最後、お前のとこは先頭、というて、いつの間か集会終わったらその流れになっとるのですわ。だから私には電車乗った組(いわゆる人民電車部隊)もわからんわけですよ」

西村「警察、検察庁はね、三帰省吾さんと夫さんを騒擾罪の首魁ということで逮捕して起訴しましたね。笹川良一の家をやっつけるとか、そういうゲリラ活動のようなことを夫さん自身はまったく知らなかった？」

夫「まったく知らない」

さすがにこの返答に、吹田事件研究会のメンバーはみながびっくりした。

平野「はっはー、そうなんですか？」

夫「そうなんですかって。だから、さっき言いましたやん。共産党の中に民族対策部があって非合法やから、その対策部の指示に従って計画を作る。

幹部が「集会をいつここでやる」とかを決めて、たまたま私はその前から青年運動をグループごとにね、サークルみたいなんをやっとったんですけれど、いつのまにか六月一〇日の日に、上から「民族愛国青年同盟というのを作ったからきみ参加しろ」と言われた。「ああそうですか」と。それだけ聞いたらアホみたいやけど、朝鮮戦争から民族を守る、祖国を守るという愛国心やからね。それはもう必死ですわ。私としてはチャンス到来みたいなね。気持ちとしてはそうですね」

何が首魁やねん。夫徳秀はデモコースの下見もしていないし、デモコースも大筋しか知らない。夫徳秀が純粋で熱意あふれること。民族への献身性、現場での処理能力や判断能力の高さ。こうした優れた能力に目をつけた組織が（それが日本共産党なのか、朝鮮人の民族組織なのかは別にして）夫徳秀を利用するだけ利用したのではないか。どこが首魁や。警察も検察も事件の深層に達していないではないか。

わたしは、夫徳秀の話を聴きながら、正直言って、そう思った。

デモ参加者の内訳を調べると、全体の三分の二が朝鮮人だったと夫徳秀は言う。しかも、夫徳秀によればデモ計画は日本共産党の民族対策部から下りてきたものだという。わたしはちょっとがっかりした。と同時に、夫徳秀の魂の揺らぎをかいま見ることになった。がその一方、計画を立てたのは誰だろうかという疑問も沸いてきた。

三　民族組織

朝連と民団

吹田事件研究会のつぎの講師を、歴史家の姜在彦（カン・ジエオン）花園大学教授にお願いした。というより、姜在彦については、司馬遼太郎との関係を話した方が判りやすいかも知れない。姜在彦が、作家の金達寿（キム・ダルス）らと雑誌『季刊三千里』をつくったころから、姜は作家・司馬遼太郎に朝鮮の歴史をあれこれレクチャーした。そのつきあいは二六年間に及ぶという。司馬遼太郎は「朝鮮人も日本人も満州系の女真族もみなツングース系の民族や」と喝破し「東北アジアは仲良くならなきゃ」と言っていたという。

「近現代史に詳しい姜在彦さんに、ぜひ当時の話を聞かせてもらおう」と研究会で提案があり、わたしが姜在彦の自宅に電話し了解を得た。こうして姜在彦にアジア・ボランティア・センターに足を運んでもらった。

姜の古稀を記念した論文集によると、姜は一九二六年、済州島生まれというから夫徳秀の三歳年上である。朝鮮の解放直後、民族主義者や社会主義者らによる「朝鮮人民共和国」（アメリカはこの政権を承認せず、現実の政権にはならなかった）の副主席になった独立運動家・呂運亨（ヨ・ウンヒョン）に共鳴し、ソウルでの学生時代、学生をオルグする活動をしていたが、呂が暗殺されたのち朝鮮戦争のさなかの五〇年一二月、渡日し（いわゆる「密航」と本人が回顧論文に書いている）大阪商科大学（現在の大阪市立大学）の研究科に入学した経歴の持ち主である。

朝鮮戦争が勃発すると上京して、朝鮮通信社に務め、ピョンヤンからの朝鮮中央通信のラジオ放送を性能の悪い録音器で録音し、それを徹夜で翻訳し新聞社に配信するというジャーナリスト生活を送るが、徹夜続きで結核を患い大阪に戻った。

朝鮮総連結成後は幹部を教育する「総連近畿学院」に勤めるが、朝鮮総連に批判的だと中央から糾弾され、六八年総連と縁を切った。

そうした経歴をもつ姜在彦が、自分の体験に基づいて戦後の在日朝鮮人運動について、吹田事件研究会で話すことになった。その第一声は興味深いものであった。

「私はね、革命家になりたかったんです。でも、失敗してしまって、今はこうして学者みたいな顔をしていますが……」

革命家ねぇ。今や、日本では死語となった言葉だが、身長一八〇センチ近い、背筋をピンと伸ばした姜在彦教授の、いつも温厚な一面とは別の顔を見た思いであった。

姜在彦は、朝鮮戦争勃発の翌年（五一年九月）、日本共産党に入党した。戦後、済州島から経済学を研究するという名目で大阪にやってきたのだが、来日早々、学問と革命活動で忙しい日々を送ったという。

日本の敗戦後の在日朝鮮人の運動を簡単にふり返る。

日本がアジア・太平洋戦争に敗れた段階で日本国内には約二百数十万人の朝鮮人が暮らしていたが、新しい朝鮮の建設を目ざして多くの朝鮮人は帰国した。例えば、大阪府下では、敗戦前年(四四年)で約三二万人住んでいたが、敗戦後のわずか約一ヵ月で半減した。つまり、わずか一ヵ月間でおよそ一四万人から一五万人が帰国し、年末までにさらに五万人が帰国した。

朝鮮への帰国とそれまでの生活権をまもるために、日本各地で民族団体が結成され、それらが結集する形で、敗戦から二ヵ月後(四五年一〇月一五日)、東京の日比谷公会堂に全国から五〇〇〇人が集まって、朝連(在日本朝鮮人連盟)が結成された。

朝連のスローガンは、「新しい朝鮮建設への献身的努力/在留同胞の生活安定」など、比較的穏健なスローガンであったが、日本共産党が指導し左翼的傾向を強めていく。

一方、保守的な人たちは朝連を離脱し、朝鮮建国促進青年同盟(建青)と、反共色をはっきりさせた新朝鮮建設同盟(建同)とが結成され(四六年一月)、さらに一〇月には建同と建青が合流し、在日本朝鮮居留民団(のちに、在日本大韓民国民団、民団)を作る。

朝鮮半島では、大韓民国と朝鮮民主主義人民共和国がそれぞれ建国を宣言(四八年)、南北の対立は後戻りのできない状態に突入し、日本国内にも南北の対立が持ち込まれ、民団は韓国を、朝連は北朝鮮を支持した。

中国での国共内戦の結果、中国共産党の勝利が決定的になったのを受けて、GHQは団体等規制令を朝連に適用し解散を命じた(四九年九月)。

こうしてGHQは反共政策をどんどん強め、朝連に解散を命じた。朝鮮戦争が始まった段階で北朝鮮系の民族組織がない状態であった。このため旧朝連系の人々は組織の再建を急ぎ、民戦(在日朝鮮統一民主戦線)を結成した(五一年一月)。

「大阪古物商総会」

ここからが姜在彦の話である。姜は、民戦大阪の結成大会の模様を話した。

「五一年の秋だったと思いますが、大阪朝鮮人文化協会のメンバーに何月何日の何時にどこそこに来いという連絡がくるのです。

それで私は指令に従って奈良の近鉄生駒駅に行きますと、共産党の地方委員会の人がそこにいて、生駒線の電車に乗れと目配せをするのです。その電車に乗って信貴山へ行きました。そうすると千手院というお寺の広間が借りてあって看板がかかっている。その看板には「大阪古物商総会」と書いてありました。

当時の朝鮮人の職業として古物回収業とか廃品回収業者が大変に多かったので、そういう朝鮮の人たちが集まって朝鮮語でしゃべっても、疑われることはなかったと思いました。誰が計画したのか知らないけど、よくできた話だと感心したねぇ」

吹田事件研究会のメンバーも思わず声を上げて笑ってしまったが、その一方で、警察から逃れるためとはいえ、よくそうした工作を思いつくなぁと、創意工夫ぶりに目をみはった。

さきほども述べたように、姜在彦は民戦大阪が結成された時期(五一年九月)に日本共産党に入党した。

「当時の私の気持ちはこうでした。朝鮮は統一されると確信はもっていました。そして、統一されたら帰るもんだと決めていたんですね。戦争で破壊された国に帰って、新しい朝鮮を作るんだという気持ち。

ところが、戦争の時に自分の身は安全な日本にいて統一されたら帰るというのが、自分の良心にひっかかるんです。そこで、統一のために日本で何かきちんと仕事をして帰るんだという気持ちでした」

こうして、姜在彦は大阪商科大学の研究科に籍を置くと同時に、作家・金石範（キム・ソッポム）らとともに「大阪朝鮮人文化協会」の活動に熱心に取り組んだ。

当時の日本共産党と民戦の関係はどうなっていたのですかと、わたしが質問した。

姜在彦はこんなエピソードから始めた。

「民戦の議長団の一人に李康勲（イ・ガンフ）という人がいました。彼は三二年上海の爆弾テロ事件で逮捕され、日本の府中刑務所に長い間捕まりました。敗戦から二ヵ月経って、ＧＨＱが治安維持法を撤廃し府中刑務所からようやく出所しましたが、彼は熱烈な民族独立運動家で決して北朝鮮支持を口にしませんでした。

彼といっしょに府中刑務所から出所した仲間に、のちの日本共産党で書記長になるトクキュウ＝徳田球一や、日本共産党の政治局中央委員になる朝鮮人の金天海（キム・チエホ）がいましたが、それはさておき、その李康勲が五四年民戦議長を辞めます。「民戦は民族団体ではなく、日本共産党の尖兵ではないか」という声明を発表しました。

つまり、この李康勲のケースが象徴するように、民戦であれ傘下の団体であれ、当時は日本共産党が指導していたのです。共産党内部で民族問題を指導していたのが民対（民族対策部）です」

どうして在日朝鮮人は民対の指導を受けたのですか、と次の質問がでた。

「さかのぼると、一九二〇年代は民族別の組織だったのです。ところが、コミンテルン（共産主義政党の国際組織、一九一九年創立）が「一国一党」という原則を打ち出しました。もともと多民族国家内部では、民族が異なっても一つの共産党指導部に従うという原則でしょう。

一九三〇年代からこの原則に従うと、例えば、いわゆる満州で反日闘争をしている朝鮮人は中国共産党の指導を受ける。あるいは、朝鮮人であっても日本国内で活動するものは日本共産党の指導を受けるということになったのですね。

問題は、解放後も一国一党の原則が続けられたことですね。解放後、少なくとも一九四八年に北朝鮮が独立した段階で、なお朝鮮人が日本共産党の指導を受けていたのは問題ですね」

姜在彦のレクチャーはだんだん核心に迫ってきた。さらに具体的な話に入った。

「当時、日本共産党内部はどうなっていたんですか」と、わたしが質問した。

「さっき、話をした民族主義者・李康勳とともに、府中刑務所から出所した仲間で、徳田球一と金天海がいたと説明しましたが、幹部の出所から二ヵ月後、戦前以来一九年ぶりに開かれた第四回党大会(四五年一二月一日)で、徳田球一が書記長に選ばれる。また、金天海は中央委員七人の中に選ばれ、さらにその中から選ばれる政治局員の五人にも選ばれる。つまり、朝鮮人が党の最高指導者の中にいたんです。金天海のことは、日本共産党の正式な党史である『日本共産党の八十年』にもはっきりと書いてあります」

そのあとで、姜在彦は歴史学者らしく、歴史のターニングポイントを、日本共産党の四全協(第四回全国協議会)だと指摘した。

日本共産党の「いわゆる五〇年問題」に話が及んだ。

「共産党の指導部が分裂しましたよね？」と質問した。

「もうこれは歴史的な事実だから」と姜在彦は前置きして、共産党指導部の分裂について話し始めた。

「朝鮮戦争が始まる半年前のこと。五〇年一月、コミンフォルムの機関紙(『恒久平和と人民民主主義のために』)に、一つの論文が載りました。これが分裂の発端で、野坂参三ら日本共産党指導部の理論を批判したんです。

コミンフォルムというのは、冷戦下ソ連共産党とヨーロッパの全部合わせて九つの共産党との連絡組織のことですね(四七年設立)。これは、ロシア革命後のコミンテルン(一九~四三年)ほどではないとはいえ、基本はやはりソ連共産党からの上意下達の連絡機関であったことは否めない事実だと思います。

さて、批判された野坂理論というのは、アメリカ占領下で平和革命が可能だという理論です。コミンフォルムは「アメリカ帝国主義を美化する」「反民主主義・反社会主義の理論だ」と批判を加えました。日本共産党ははじめ反発する「所感」を発表します。一方、指導部の中には批判を受け入れるべきだと主張する意見も出ます。

対立は激化し、ついに、批判から五ヵ月後、党の指導部に分裂します(五〇年六月)。前者の「所感派」は徳田球一、野坂参三ら指導部の多数派を形成し、いっぽう後者の「国際派」は宮本顕治、志賀義雄らで少数派でした。多数派の所感派は、軍事路線を採用しました。共産党指導部の分裂状態は、いわゆる六全協(第六回全国協議会、五五年七月)で国際派が主導権を握り、極左冒険主義の撤回と五〇年の党分裂を自己批判するまで、混乱は続きました。日本共産党の指導者、宮本顕治は当時のことを次のように回顧しています。「コミンフォルムの批判は明らかに大国主義的であった。当時の党の指導者の家父長的非科学的な弱点、欠陥に気づき苦しんでいた者が少なくなかった」(『私の五〇年史から』、一九八一)

「在日朝鮮人の運動には、具体的にどんな影響があったのですか?」とさらに質問がでた。

「いわゆる所感派が主導権を握った日本共産党は、四全協で在日朝鮮人を日本の中の「少数民族」であると規定しました(五一年一月)。つまり、在日朝鮮人は外国人ではないという規定となりますから、日本革命を成し遂げることなくしては在日朝鮮人問題は何ひとつ解決できないのだと規定されました。ですから、民戦という在日朝鮮人の大衆組織でさえも日本革命のための三反闘争つまり反米・反吉田・反李承晩だけに収斂し、民族学校の問題など民族的な課題はしだいにスローガンだけの運動になってしまったのです。

こうした軍事路線を決定づけたのが、五全協での五一年綱領の採択です。朝鮮人側は民戦の非公然組織として祖防委(祖国防衛委員会)とその傘下に祖防隊(祖国防衛隊)を作り、一方日本人側は中核自衛隊を作りパルチザン(ゲリラ)闘争を準備します」

「パルチザン闘争、ねぇ?」とため息混じりの反応が出ると、すかさず姜在彦から次のような応えが返ってきた。

「もし朝鮮人が本気でパルチザン闘争をしたら、中国の長征とちがって島国日本では全滅していたでしょうね。とはいえ、この時代、祖防隊のメンバーがやったことは、実質的には「朝鮮に平和を!」を中心においた民族運動であったと思います」

なぜ日本共産党や民戦は軍事路線を採用したのか。姜在彦はつぎのように答えた。

それは、中国革命の防衛を抜きに考えられないという。

「四九年に中国は建国を宣言したものの、革命後まだ間もない時期、アメリカの力が中国に集中しようとしていることを防ぐために、中国共産党はアジア各国の共産党に対し軍事闘争を要求し、アメリカの力を分散しようと試みたと思われます。

例えば、フィリピンでも五〇年代初頭、フィリピン共産党が国内解放のための武力闘争をしたが、結局、最高司令官ルイス・タルクが投降し、武力闘争は終わりました(五四年)」

四　五五年体制

平和五原則

朝鮮戦争の休戦協定が成立し(五三年七月)、中国はインドとの国境紛争にピリオドを打とうと、周恩来総理がインド・ネール首相との間で「平和五原則」を結んだ時期(五四年四月)、日本の軍事路線が終焉を迎える。平和五原則は(一)領土・主権の尊重、(二)対外不侵略、(三)内政不干渉、(四)平等互恵、(五)平和的共存。

翌年には、インドネシアのバンドン会議でアジア・アフリカ二九ヵ国の首脳がこぞってこうした原則を承認した(正確に書くと、バンドン会議で承認したのは平和「一〇」原則)。こうした平和的共存が強まったおかげで、中国周辺諸国の共産党は軍事路線の矛を収め、内政不干渉の大原則は、在日朝鮮人の運動にも大きな影響を与えた。在日朝鮮人の間でターニングポイントになったのは、南日外務大臣の発言であった。「在日朝鮮人は朝鮮民主主義人民共和国の公民である」という(五四年八月三〇日)。従来の「日本の中の少数民族」と異なり、運動のスタイルを変える必要が出てきた。

もう一つ、在日朝鮮人に大きな影響を与えたのが、中国要人として初めて来日した中国紅十字(赤十字)の廖承志・副団長のあいさつであった。

「在日中国人団体は、日本の政治に干渉してはならない」と述べた。

姜在彦によれば、在日朝鮮人活動家の間で二つの考え方が対立した。一つは、北朝鮮の旗を実際に日本国内で掲げるという考え方(「先覚分子」という)と、もう一つは、幅広い統一戦線をつくるために旗は心の中に掲げるべきだという民対(日共民族対策部)の考え方(「後覚分子」という)であった。対立が激しくなっていった。

先覚分子の言い分によれば、民戦の五年間は「根本的な誤り」。つまり否定されるべき対象である。ところが、後覚分子によれば、あの厳しい五年間を「根本的な誤り」とするのは清算主義となる。朝鮮戦争に反対する反米・反戦運動は正当としながらも、朝鮮戦争は休戦協定が結ばれ情勢が変わったのだからと、路線を転換しなければならなくなった。

結局、浅草公会堂で最後の民戦六全大会が開かれ、翌日民戦が解散、替わって朝鮮総連(在日本朝鮮人総連合)が結成された(五五年五月二四日〜翌二五日)。総連の議長には、韓徳銖が就き、日本共産党の党籍があった在日朝鮮人はいっせいに離党した。

在日朝鮮人の組織に続いて、日本共産党も軍事路線を止めた。

朝鮮総連の結成から二ヵ月後(五五年七月二七日~二九日)、日本共産党は六全協(第六回全国協議会)を東京・代々木の党本部で開いた。党はそれまでの路線を撤回し、また、五〇年以来の党指導部の分裂を自己批判した。新しい党指導部の顔ぶれは、第一書記が野坂参三、また常任幹事会の責任者に宮本顕治を選び、「所感派」と「国際派」が統一された。また、中国に亡命していた徳田球一の死亡(五三年一〇月)と中央委員の伊藤律の除名が発表された。

路線を転換した背景には、党勢の著しい落ち込みがあった。四九年当時、衆議院議員三五人を数え三〇〇万票近い総得票であったが、五〇年のレッドパージのせいもあり、五二年の総選挙では衆議院議員が一挙にゼロ、総得票数九〇万票。五三年の総選挙でようやく川上貫一がただ一人当選しただけで、総得票数六五万票と一時期の二割しか票が取れない大幅な落ち込みを記録した(全国でただ一人当選した川上貫一というのは、夫徳秀が学んだ夜間高等学校の教師であり、夫徳秀が暮らす大阪北区を含む大阪二区が選挙区であった)。

保守合同と社会党の統一

さらに、同じ一九五五年、まず一〇月に社会党が左右分裂から統一した(分裂の原因は、サンフランシスコ講和条約・日米安全保障条約をめぐる賛否)、続いて一一月には自由党と民主党を中心に保守大合同が行われて自由民主党を結成する。

このように一九五五年体制と呼ばれ、今日につながる日本の政党政治の基礎となる政治体制がこの年に生まれる。

こうした政治体制の変化は、夫徳秀の身の上にも大きな変化をもたらした。夫徳秀は、民戦の青年組織、民愛青（民主愛国青年同盟）の大阪本部委員長である。夫のやってきたことは、朝鮮総連や六全協以後の日本共産党が否定した路線であった。暮らしに直接影響が出た。

夫徳秀は一ヵ月に一回程度こっそり母親が住む留守宅を訪ねるだけで地下に潜る暮らしを続けていた。親戚や同じ民族の家庭に、夕方のメシ時になると、ふらりと寄ったようなそぶりで押しかけ夕食をごちそうになったり、カンパしてもらって毎日の暮らしを何とか維持していた。

朝鮮人活動家と日本人活動家が民対（民族対策部）の指導のもと、同じ釜のメシを食べる時代はすでに終わりを告げた。朝鮮人は日本共産党と袂を分かち、朝鮮人独自で運動をすすめると決めた以上、朝鮮人の被告たちにとって日本共産党に依存してきた法廷闘争の進め方や救援活動に、有形無形の差し障りが出た。

五　保釈――スターリン国際平和賞

夫徳秀は、吹田事件発生から丸二年後の五四年六月二四日に保釈された。拘置所で夫は完全黙秘を貫いた。

「夫さん、住所と名前だけは言わないと保釈されないから」と、弁護士の東中光雄（後に共産党の衆議院議員）に説得され、夫も納得してようやく保釈された。吹田事件の被告の中で最長期間となった。

梅雨の大阪はじめじめと蒸し暑かった。

拘置所は当時、大阪地方裁判所の一角に位置していた（現在の大阪・都島区友渕町に移転したのは六三年一二月のこと。大阪監獄若松町分監というのが当時の正式名称であった)。拘置所を出て、夫が最初にしたのは、胸一杯に外気を吸い込むこと。近くを流れる大川を渡る風を快く感じた。空気がうまい、夫徳秀はしみじみ感じた。

この日、ミナミの大阪府立体育館では大山郁夫のスターリン国際平和賞受賞を祝う集会が開かれていた。夫徳秀は保釈後被告団の仲間によって有無を言わせずタクシーに乗せられ、ミナミの体育館に向かった。自宅に戻る前、つまり二年間の拘置所のアカを落とす前にである。大山郁夫は、大正デモクラシーの論客で、労働農民党の輝ける委員長。満州事変とともに運動の自由を失い三二年アメリカに亡命。以来一六年間、亡命生活を送る。戦後は、平和運動のリーダーとして活躍していた。

その集会で、夫徳秀は吹田事件で逮捕されながら完全黙秘を貫いたヒーローとして紹介され、大阪府立体育館で文字通りハイライトを浴びたのである。

「わたしは、「大山郁夫・平和賞」をもらったと思うんや。ところが、大山郁夫平和賞の証書もメダルも家を探してもないんや。惜しいことをしたわ。人生の一番華やかなシーンやったわ」と言って、吹田事件研究会のメンバーを笑わせた。

大山の出身校、早稲田大学には現代政治経済研究所があり大山の業績などを研究している。わたしはこの研究所に電話したら、大山郁夫平和賞というような賞はないという。

結局のところ、大阪拘置所に二年間勾留され世間の動きに疎い夫徳秀を、被告団の仲間が二年間苦労した夫に「本当にご苦労さま」という気持ちを、何とか記憶に残るように伝えたいとの想いから計画したのではないだろうか。

とはいえ、二年間の拘置所暮らしから保釈直後、いきなり参加者でいっぱいの体育館に連れて行かれスポットライトを浴びた経験は夫徳秀の心に強く印象付けられたに違いない。

新婚旅行

保釈によって、夫徳秀は民族運動の活動家としての生活を再スタートした。が、吹田事件公判への出廷で、時間的な制約は大きかった。

吹田事件の公判は初めのうち月一回のペースで開かれそのうち月二回となり、やがて週一回のペースに落ち着くが、公判に出廷しないと保釈が取り消される恐れもあった。

保釈後しばらくして、夫徳秀に好きな女性ができた。

相手は、民戦の女性同盟（朝鮮民主女性同盟）の活動家仲間で金春和（キム・チュンファ）という聡明な女性であった。夫徳秀の二歳年下。夫徳秀はビラ張りのためにグループを組織し電柱に政治ステッカーを張った。もし警察官に逮捕されれば韓国に強制送還の対象になる恐れもあり、そうなれば厳しい刑罰が待っていた。緊張感を要求される作業である。

夫から見ると、金春和の仕事ぶりはてきぱきとし合格点であった。

「仕事ぶりが信頼できたんや」

この話をしたとき、夫は珍しく目尻を下げた。

二人はやがて結婚を決意した。結婚式は、民戦が大阪生野区の鶴橋に新しく建てた朝鮮会館で開かれ、夫の活動家仲間がおおぜい集まった。

友人、知人が実行委員会を作り、カンパを集め、結婚式と新婚旅行の費用をまかなった。新婚旅行は、和歌山県の勝浦を選んだ。現代と違って特急の本数があまりないこともあり、深夜に大阪・天王寺駅を出発する夜行列車で勝浦に向かった。

ところが、勝浦には早朝に到着する。

「まだ、朝が明けたばかりでしょ。勝浦は漁師町やし、旅館にそんな早い時刻からチェックインもできへん。まったく途方にくれましたわ」と金春和は陽気に笑った。

新婚の二人は、勝浦の海岸をゆっくり散歩した。楽しい楽しい時間であったに違いない。

二人は、新婚生活の第一歩を和歌山の温泉町でゆっくり過ごし、翌日、大阪に戻った。

二人の新婚生活で、最大の難問は新居であった。食べるにも事欠く生活で、家を借りる金もない。結局、母や伯父たち家族六人とともに四畳半一間の部屋に、金春和が着の身着のままで転がり込んできて、二人の新婚生活がスタートした。

金春和は、朝鮮籍の女性として大阪府下で初めて美容師の試験に合格した。金は南浜にベニヤ張りの簡素なインテリアながら自前の美容院を作り、近所のおばさんたちのヘヤスタイルを一手にひきうけ、夫徳秀一家の生活費と夫徳秀が活動する費用を稼ぎ出した。

髪結いの亭主だと、夫徳秀は自嘲気味に笑うが、その稼ぎが朝鮮人活動家・夫徳秀の暮らしを支えた。やがて、男の子ばかり三人の子どもが生まれ、立派に育てあげた。

今では長男は北朝鮮に渡り、従業員三〇〇〇人の香港資本の会社を経営している。最近も北京に出張の折り、母親の金春和を日本から呼び寄せ、北京で親子水入らずの再会を果たした。夫徳秀夫妻の自慢である。次男は次男で、東京にあるコンピュータ関係の会社を経営。三男は、次男の会社を大阪でサポートする暮らしである。

六　無罪判決

調書の採用問題

吹田事件の裁判に話は戻る。裁判はいよいよ最終局面を迎えていた。吹田事件の裁判は、まだ一審なのに、一〇年に近づいてきた。

検察官調書を採用するかどうかが裁判のポイントになってきた。吹田事件は、新しい刑事訴訟法が施行されてわずか三年後に始まった。検察側、弁護側、裁判所とも新しい裁判の進め方にとまどいながらの時期であった。

被告は黙秘権が認められている。しかし、検察側はそうした被告をいったん分離手続きをして、証人として尋問し証人尋問調書をつくっていったが、その公判での供述とちがう検事調書を裁判に証拠採用するかどうか。その是非がポイントとなった。

裁判の冒頭で、騒擾罪について、検察側は、「デモ隊は須佐之男命神社から吹田駅で解散するまで「暴力行為をし、一地方の静謐（せいひつ）を害した」もので、事前の計画に基づく行動という主張をしない」と釈明していた。

ところが、検察官はそもそもこの事件が共産党の軍事方針のもとに起きた、つまり事前の謀議関係を立証しようとした。対する弁護側は、事前謀議の立証は許されない。また捜査当時の自白調書は強制・拷問によるものだから採用すべきでないと裁判所に異議を申し立てた。裁判所は新しい刑事訴訟法を厳密に運用し、立証の範囲や自白調書の任意性などを判断することにした。

その結果、裁判所は、初公判から九年後の三六一回公判で、検察官調書の大部分を却下する決定を行った。吹田事件裁判の大きなヤマ場は、ここで決したと言っていいだろう。検察側の調書の大半が刑事裁判で利用できなくなったのだから。

裁判所は却下した理由として、

(一)被告に手錠をかけたまま調べたり、暴行したり、肉体的苦痛を伴う正座をさせたりして供述を得ている。

(二)「自白すれば釈放してやる」という甘言や朝鮮人被告には「言わなければ強制送還する」という脅迫を行った。

(三)本件での起訴後、被告は裁判の当事者の地位にあり、被告の取り調べは必要最小限でなければならず、しかも出頭、在室は強制できないのに、それに反した取り調べが行われた。

などを挙げた。つまり、裁判所は「脅迫や拷問による取調べで、自白の任意性はない。検察側提出の供述調書の多くを却下する」と認め、「事前謀議は事件との関連性が薄い」と認定した。この裁判の主任弁護人、石川元也は「この裁判が刑事訴訟法の宝の山」と表現している。

判決日は六三年六月二二日と決まった。事件の発生が朝鮮戦争二周年の五二年であったから、実に一審だけで一一年かかった(オウム教団による地下鉄サリンなど一連の裁判では、教祖に対する第一審判決までに八年だから、一一年というのがいかに長期か判ろうというものだ)。

起訴された一一一人の被告のうち、六人が死亡した。

尹京柱(ユン・キョンヂュ)被告は交通事故で死亡した。尹被告の家族は一足先に北朝鮮に帰国していた。五九年から始まった、在日朝鮮人の北朝鮮への帰国運動で、被告の家族約六〇人が帰国したが、肝心の被告は裁判中と言うことで、帰国が許されなかった。

被告たちは、「たとえ騒擾罪の付和随行で有罪であったとしても、最高刑は罰金二五〇〇円ではないか。そのわずかな罰金のために、祖国に帰国できない、家族がばらばらになるのは人道に反する」と、公訴棄却を求めた。検察はこれを認めなかったが、人道面での争点はわかりやすいだけに、被告側が吹田事件裁判の不当性を世間にアピールした。

その一方で、検察は尹龍官(ユン・ヨンガン)被告の公訴を取り消し、韓国に強制送還する手続きを行った。尹被告はその後、韓国で行方不明になり、梁之鐘(ヤン・シジョン)被告は勤め先のボイラーが爆発し事故死した。

一一一人の被告の裁判闘争は生活闘争でもあった。裁判の初期、公判は月一、二回、やがて週一回のインターバルで開廷され、被告たちはこうした公判に出席するため、なかなか定職には就けずにいた。国鉄、電電公社(のちのNTT)、学校、裁判所の職員など公務員は休職となり、職場から追われた。うまく就職をしても、週一回の公判出廷で公安事件の被告であることはすぐに職場に知れた。また、公安調査庁や警察官が就職を妨害した。

「裁判が長引くために生きる希望を失った」と、自殺を図る者も複数いた。発見が早く病院に担ぎ込まれたものもいたが、朝鮮人の陳沢伊(チン・ベギ)被告は自死した。日本共産党が六全協で過去を極左冒険主義と自己批判したり、路線をめぐって党内対立が激しく、被告たちが共産党から冷たい視線を投げかけられたのも、被告たちの心に希望を灯すことを妨げた。とはいえ、被告・弁護側が反証に入るころには再び団結した。

一審判決

こうして迎えた、判決日であった。

梅雨を控え、この日の大阪は朝から蒸すような暑さ。今と違って、冷房設備のない法廷は傍聴人が詰めかけ超満員、白い扇子がパタパタとゆらいでいた。

レンガ造りの大阪地裁前には、晴れて結婚した、夫徳秀と妻・金春和のおしどり夫婦の姿もあった。背の高い夫徳秀のよこで、妻・金春和が気恥ずかしそうに添っていた。

被告たちは、家族や支援者たちと裁判所構内で集会を開いたあと、隊列を組んで次々に古い建物三階にある陪審一号法廷に入った。

午前九時三四分開廷。

最初に、書記官が出席被告を点呼した。一一年間に、六人死亡、二人逃亡、一人強制送還され、被告は一〇二人に減っていた。

「三帰省吾、はい。夫徳秀、はい」大きな点呼の声が法廷に拡がった。まるで小学校の新入生のようだったと当時の新聞は記録している。裁判長は佐々木哲蔵が去り、右陪席判事だった今中五逸に交替していた。おもむろに書記官が被告人の起立を求めた後、今中裁判長が主文をまさに読み上げようとした。夫徳秀は固唾を飲んで、耳をすませた。日本人首魁の三帰省吾も横で少し緊張気味の表情である。残り一〇〇人の被告も、緊張した面持ちで耳をそばだてた。

「騒擾罪は成立しない」

今中裁判長のやや緊張した口調の声が広い法廷に響き渡った。

一瞬の静寂のあと、被告たちは自分の身の上に何が起きたかをさとった。さとった瞬間傍聴席に拍手が起こり、すぐに大きなうねりとなった。今中裁判長が判決文を続けた。

「威力妨害罪、爆発物取締罰則違反についてはいずれも成立せず、無罪」

被告や傍聴席に大きなどよめきが拡がった。傍聴人が多数にのぼるため特別に設けられた一階下の二号法廷の特別傍聴席にも判決が伝わった。特別傍聴席で、大きな拍手と歓声がわき起こった。本来なら主人公のいない一階下でわき起こった歓声が、こんどは本法廷の被告たちの耳に届き、被告たちの喜びを倍加させた。本法廷の傍聴席から大きな拍手が起きた。二〇数人の弁護士たちは笑顔に包まれた。対する検事三人は身じろぎせず、じっと判決文の朗読に聞き入った。がっくり肩が落ちた。

夫徳秀は無罪を勝ちとった。夫は心の中で「やった」と叫んだ。

「一部の被告のデモ中の行為は、暴力行為で有罪。殺人未遂罪は傷害罪に格下げ。別件の暴力行為と脅迫罪は有罪」と裁判長が認め、一五人だけが懲役一〇月から二月の有罪（うち一一人に執行猶予付き）となった。

主文の読み上げに約三〇分かかり、続いて、判決要旨を読み上げていった。判決文で今中裁判長はこう結論づけた。

「当裁判所は、騒擾罪の成立に必要な暴行脅迫の共同意思を中心に、本件集団の目的、性格、集団の行動に分けて検討してきたのであるが、これらを総合考慮しても、本件は集団のいわゆる共同意思に出た、いわば集団そのものの暴行であるかの点が疑わしくその証明なきものとし、騒擾罪の成立を否定したものである」と。

傍聴席のほぼ真ん中には、黙禱事件後しばらくして裁判官を退いた佐々木哲蔵の姿もあった。「無罪」の声が法廷に響いた瞬間、佐々木はニッコリとほほえんだと、当時の新聞は記録している。ただし、佐々木は判決後、コメントを求められると、

「元裁判長という立場から、今中裁判長の判決に対する批判は差し控えたい」と控えめに応えた。「被告たちの顔を見て、第一回公判当時をまざまざと思い出した。わたしが退官するときは、まだ判決のメドも立っていなかったのに」と述べ、佐々木は一一年間の月日をかみしめた。吹田事件研究会のメンバーの一人、平野は社会部デスクとして、この原稿を受け、紙面を作った。

判決後、裁判所の中庭では、報告集会が開かれた。東京のメーデー事件や名古屋・大須事件の被告や支援者など約二〇〇人が詰めかける中、法廷から被告たちが次々と集まってきた。

「よかった」「勝った」どの顔も笑顔がいっぱい。

夫徳秀も顔をくしゃくしゃにして法廷から出てきた。妻の金春和がそっと寄り添った。

「女房のおかげです。わたしが最後まで組織(朝鮮総連のこと)と共に戦い抜けたのは」と、妻の方を振り返ると、春和はこみ上げるもので胸がいっぱいになり、黙ってハンカチで目頭を押さえた。

「日本には友だちがたくさんいるけどやっぱり祖国が恋しい」と朝鮮への想いを口にした。

七　判決理由

須佐之男命神社前

騒擾罪を退けた理由を、これから説明する。

検察側が起訴状で描いた構図と今中裁判長による判決文とで、一番おおきく食い違うのが、須佐之男命(すさのおのみこと)神社前でのデモ隊と警察官との対峙の模様である。騒擾罪のスタート地点という重要な場所である。大阪地検が騒擾状態だと主張したのは「午前五時四〇分ごろ、デモ隊が須佐之男命神社前で最初に警察隊と対峙し阻止線を突破してから、午前八時一〇分ごろ、吹田駅の列車内で逮捕に向かった警察官に抵抗した、約二時間半の間」である。

一審判決は次のように事実を認定した。

「吹田警察では、集団が操車場侵入を阻止すべく吹田市警察本部次長、松本三秋警視の指揮する約一三〇名の警察官を出動させ、うち吹田署員三六名(他の警察官はやや離れて集結していた)は神社の参道と直角に交差する産業道路上に横隊となり立ちふさがった。松本警視らが集団に近づき「責任者を出せ。代表者はいないか」と呼びかけたが、集団から「全部が代表者だ。天下の公道を通るのがなぜ悪い」などと口々にどなる有り様で集団には交渉に応じる気配はなかった。そこで松本警視らはあきらめ、次の対策を考えるため引き退いた。

集団は立ち去る警視らの後を八列にスクラムを組み、前進を始めたので、産業道路上に警備線をしいていた警察官三六名は集団の勢威に押されて早々に「八」の字に開き（うち一名の警察官だけが集団の進行をちょっと制止しようとした）、集団はスクラムのまま、喊声をあげて横断し終えた」

騒擾罪の成立の最大のポイントである「共同意思」の成否を、今中裁判長は次のように認定した。

「本件は、約九〇〇名の集団が、警察官との衝突を予期し、多数の者が、竹槍、竹、棒や石などを持ち、また一部のものはひそかに火炎ビン、硫酸ビン、ラムネ弾などを携行した上で、約二時間余にわたり、立入を禁止されている吹田操車場を含め、神社前より国鉄吹田駅に至る約八キロの行程を行進し、その間、一部の者は警察官、巡査派出所、駐留軍の自動車などに攻撃を加えたもので、とくに産業道路上における一連の暴行は、一見暴徒的様相を呈し付近の人心にも少なからぬ不安と動揺を与えたことがうかがえ、騒擾罪の成立もやむをえない観がないでもないが、当裁判所は慎重審議し討論を重ねた結果、結局本件暴行脅迫は、いわゆる集団の共同意思に出たものとは認めがたいとの結論に達し、騒擾罪の成立を否定した」

また、吹田操車場での構内デモについても次のように認定した。

「本件集団の目的は、検察官の主張するように、吹田操車場において軍需列車を襲撃するとか破壊するとかにあったと認めることはできず、朝鮮戦争に反対し、吹田操車場の軍需列車に対する抗議のための示威行進にあったと認めるのが相当である」

吹田操車場におけるこの認定は、威力業務妨害罪適用にも影響した。

「このような表現の自由に属する示威行進そのものをもって、ただちに威力業務妨害罪における不当な勢威一般に当たるといいがたい」

結局、大阪地裁は、吹田事件が朝鮮戦争に反対し軍需列車に抗議するデモ行進であり、表現の自由に属すると、デモ行進を容認した。

控訴審

一審判決を受けて、大阪地検は騒擾罪のうち「付和随行」組を除き、「首魁」「指揮」「率先助勢」の計四七人にしぼって控訴した。高裁で、大阪地検は調書の棄却問題を争点に持ちだした。「一審の大阪地裁が、被告の供述調書を証拠として採用せず却下したのは違法であり、すべて採用されるべきだ」と主張した。

しかし、大阪高裁は「大阪地裁の却下決定に誤りはない」と退けたのである。二審の判決は、六八年七月二五日に言い渡された(一審判決から五年が経過した)。

騒擾罪は、一審同様、大阪高裁も認めなかった。

「検察官の所論は証拠を過大評価し、群集心理の法則を強調するあまり、共同意思に関し、安易な評価を求めるものであると言わざるを得ない」と検察側の主張を退けた。

しかしながら、威力業務妨害罪については、二審は一審判決より厳密に判断し、控訴された四七人中、四六人を有罪に認定した。うち、三人が実刑判決であった(ただし未決勾留日数を参入され、さらに服役することはなかった)。

二審判決に対して、検察側は上告を断念した。植松元夫被告団長と実刑判決の被告ら五人が、判決に不服だとして最高裁に上告したが、最高裁は、「理由がない」と、上告を棄却する決定を行った(七二年三月一七日)。

ここに、吹田事件での騒擾罪無罪が確定した。事件発生以来、実に二〇年経過していた。

枚方事件の判決

一方、枚方事件大阪地裁・畠山裁判長の判決は厳しいものであった。吹田事件の一足先に一審判決が出た(五九年一一月一九日)。

五七人の被告に六人を除き有罪であった。

長谷川慶太郎被告には、懲役一年六月・執行猶予二年。

脇田憲一被告には、懲役二年・執行猶予二年。

ほかに、枚方工廠爆破事件の七人に対して、実刑判決を下した。懲役五~三年。執行猶予組が合計四四人であった。

「ほぼ満足である」との、竹原大阪地検検事正の談話が判決の中身を象徴していた。

被告側は控訴(判決は六四年一月二一日)し、さらに最高裁に上告(判決は六七年九月一六日)したが、大勢は変わらなかった。

枚方事件の被告たちにとって救いは、当初予定されていた小松製作所による火薬装塡が行われなかったことと、もう一つ、旧軍事施設のうち香里製造所は払い下げが行われず、香里団地に生まれ変ったことである。香里地区の住民一万人の反対署名、衆議院通産委員会の委員現地視察に住民四〇〇〇人が香里製造所までの沿道一キロを埋めつくし反対を訴えた(五二年一月)ことが背景にある。住宅八〇〇〇戸と当時、東洋一の規模と言われたニュータウン誕生に枚方事件は影響を与えた。

第六章　至純な歳月(とき)

夫徳秀夫妻(曺智鉉撮影)

一　検察側の総括と大阪市の反論

検察研究特別資料

吹田事件研究会で主任弁護人の石川元也弁護士が、興味深い裏話を披露した。

事件発生から二年後に検察側がまとめた総括文書を、被告団のメンバーが古書店街で見つけたというのだ。弁護団は、その総括文書を徹底的に分析しそれをもとに公判対策を練ったという。なにせ一審だけで一一年間かかった永い裁判である。文書作成が発生から二年後であっても、公判対策には充分に役に立ったと、笑みをたたえながら説明した。

その総括文書は、タイトルが『吹田・枚方事件について』という。白表紙のペーパーバック、高さ二一センチのA５判。右上に検察研究特別資料第一三号、左下の発行者欄に法務研修所と書いてある(一九五四年三月、五五八ページ)。検察が枚方事件も一連の事件と考えていることをタイトルは示していた。

検察研究特別資料はこれ以外にも『メーデー騒擾事件の捜査について』(一八号)、『大須騒擾事件について』(一四号)。また『在日北鮮(ママ)系朝鮮人団体資料集』(六号)『中国共産党に関する講演と方針』(九号)と、この時期、法務省が関心を寄せた公安関係の資料がずらりと並んでいる。

今では、国立国会図書館で誰でもかんたんに閲覧できる。わたしは大阪市中央図書館を通して検察研究特別資料第一四号『大須騒擾事件について』を請求したら、国会図書館から借り出すことができた。大須事件のものは「吹田・枚方事件」と同じ時期に作成されているので、同じ指揮命令の下、同じ目的でつくられたことが判る。

本は、第一三号と外見が異なり、紺色のハードカバー、Ｂ５判、高さ二一センチ、二八一ページ。興味深いのは裏表紙に「日光堂書店」と古本屋で売買した痕跡があったことだ。表紙には黒いインクでナンバリングがされており、わたしが見た本は七〇〇番台であったので、相当数を印刷したものらしい。念のためと思って、古本屋のインターネット・ホームページで検索したら、検察研究特別資料のシリーズ三五冊(一冊欠本)が二八万円で入手できるとパソコンが表示した。

さて、大阪地検の検事がまとめた総括文書にいったい何が書いてあるか、一言で言うと、警察を厳しく糾弾し、さらに、当時、自治体警察と国家警察に分かれていた警察制度では再発は防げないと総括した。

当時の警察制度について説明する。戦前、天皇制軍国主義を支えた内務省は、敗戦で解体され、四七年の旧警察法によって、国家地方警察(国警)と、自治体警察(市および人口五〇〇〇人以上の市街的町村)の二本立てとなった。吹田事件当時の大阪府下を見てみると、大阪市内が大阪市警視庁。豊中市、吹田市、茨木市、池田市などは自治体警察、一方、豊能郡箕面町など町村部は国警大阪府本部という布陣である。

一方、デモ隊の側は、こうした二本立ての警察体制を巧みに突いた。

例えば、集会会場の待兼山は、池田市警、豊中市警、国警箕面地区警察の境界付近に位置し、しかも阪急石橋駅は池田市警、阪大グラウンドは豊中市警の所轄。また、山越え部隊のデモコースは、大部分が手勢の薄い国警のエリア(豊能郡箕面町、三島郡豊川村、山田村、味舌村)であった。

完膚なき敗北

この本が興味深いのは大阪地検の検事が警察の警備体制を厳しく批判している点である。

「六・二五吹田事件における警備活動は警察側としては全く「良いところが一つもなかった」といわれる位の失敗の連続であり、完膚なき敗北であった」と歯に衣を着せぬ筆致で、警察の警備計画が拙劣で、しかも志気低調が原因と分析している。

では、具体的には、どういう点がそうなのであろうか。以下、検察の報告書を見てみる。

朝鮮戦争二周年記念集会が各地で開かれるとの事前の情報に基づき、警察はアメリカ軍イタミ・エアベースを管轄にもつ豊中市警に警備本部を設置し、約五二〇人の警備部隊を編成。大阪市警視庁も二二二人を大阪駅周辺に準備し、警戒に当たった。

情報戦の敗北が失態の根源となったと分析した。

(一)目的地を割り出すのに失敗。「待兼山集会では、無届け集会の黙認、無届けデモの黙認、事前検索の拋棄、情報活動の封鎖などのため、デモ隊の最終目標が伊丹基地や刀根山ハウスではなく、吹田操車場であることをつかむのに失敗した」

(二)山越え部隊の把握の失敗。「集会後、石橋駅に集結したいわゆる電車部隊に気を取られ、山越え部隊の行動は全く警備本部の思慮の外にあったのであって、この行動が判明するまで通過してから数時間のタイムラグがあった」

(三)阪急石橋駅での失敗。「石橋駅でのいわゆる人民電車に対して、警備本部(註：豊中市警に設置した)の首脳に「集団の大部分が早く大阪へ帰りたいと言っているのであるから、電車を出して集団を大阪へ送ってしまえばヤレヤレだ」という責任逃れ的な気持ちが動いていなかったとすれば幸いである」

(四)須佐之男命(すさのおのみこと)神社前での失敗。「須佐之男命神社前で、吹田市警警備部隊と国警管区学校生徒応援隊とが、デモ隊と初めて接触した。警備部隊の指揮者はデモ隊の人数および武装程度に対する認識がなかった。わずか一三二人の警備部隊をもってしては、完全に近い武装をなし、緒戦を飾ろうと対敵意識に燃え上がっている約一〇〇〇名のデモ隊員に対しては、先制警備の措置をとることは思いもよらないことであった。

デモ隊に関する警備情報を完全に把握しないで、これを制圧しようとしたところに、吹田市警警備本部の大きな誤算があり、現場警備員のデモ隊に対する気後れと無気力とを生じ、簡単に押し切られてしまったのである」

須佐之男命神社前での警備警察官とデモ隊の対峙は、騒擾罪認定のスタート地点だけに、騒擾罪が成立するかしないかを決める上で、キーポイントであった。それだけに、検察が吹田市警の警備の仕方をこのように辛辣に批評した文書を、裁判の途中に入手した弁護側は、騒擾罪は成立しないと確信を抱いたに違いない。

さらに、大阪地検の総括文書を続ける。

「山田村における山越え、電車両部隊の合流は吹田デモの一大成功であった。両部隊の合流後は意気すこぶる上った。警備部隊の弱腰と、戦闘意識の低下を看破した合流部隊は、警備部隊の制止を鎧袖一触して、吹田操車場に突入し得たのであって、紛争と混乱を予想した主謀者にとっては、無血突入を実行し得たことこそ、予想しない大成功であったと考えられる」と、警備部隊の弱腰と戦闘意識の低下を嘆いた。

確かにこの文章も相当に痛烈だが、この文書と主張の異なる、別の文書を図書館で手に入れた。

自治体警察からの反論

タイトルを『吹田事件の真相』という。大阪市行政局が編纂し、「警察制度改革資料(昭和二九・二・二)」の一環として作成したパンフレットである。この文書の特徴は、小冊子であることである。全部で一七ページと少ないページ数に、出動警備人員一覧表とデモ隊のコースを記した地図を添えた、B5判サイズで、岩波ブックレットを想像していただければ当たらずといえども遠からずの趣である。

まず結論から見てみる。

「ここで重大な誤算が行われたのは、山越え部隊の行動を待兼山出発以来五時間にわたり全く把ええなかったことである。そしてこの責は、おおむねこの地区を管轄する国警に帰されることは止むを得まい」

大阪市の治安を預かる大阪市警視庁は、大阪地検同様、国警に事件の責任があると追及している。

「この別動隊が山田下で突然として現れ、さきの一隊と合同したため吹田市警察の吹田操車場援護対策に重大な齟齬(そご)を生ぜしめた。

然も、吹田市警の要請によって来吹(註:吹田に来た)した国警の増援隊は、いずれも訓練の不十分な初任教養生や学生部隊であった。そして一度ならず二度まで、デモ隊の鎮圧阻止に失敗し、最終段階の吹田駅における検挙にいたるまで、吹田市警、茨木市警の部隊が主として活動することとなり、国警増援隊の頼りなさを暴露した」

大阪市警視庁からの国警批判は、この後、さらにエスカレートする。

「この事実を少し深く考えてみると、国警は、豊中市警に国警市警の合同警備本部が設けられて以来、事件の鎮圧に主動的な責任を分担しながら、情況判断を誤り、かつ、吹田市警、大阪市警等の度々の希望に拘らず、大阪市機動隊の応援要請を拒否している。

このことは、

一には、国警の装備、志気について十分再検討の必要があるのではないかと考えせしめ、

二には、国警に今日なお都市警察に対するいわれなき優越感か、しからざれば、セクショナリズムが残存しており、適宜な判断を誤らせたのではないかという大きな疑問をいだかせるのである。少なくとも吹田事件の責任を、自治体警察の弱体や非協力に専ら帰することが、甚しい誤解であることは明らかであると信ずるのである」

つまり、吹田事件でデモ隊が計画通り実行できたのは、「国警の警備態勢が悪かったのであって、大阪市警をはじめ自治体警察は一所懸命やった。決して悪くない」と国警への批判を強めている。

警察制度変更の動き

このように大阪市行政局や大阪市警が、国警を批判する背景を調べてみると、当時、警察制度を変更しようという動きがあった。吹田事件をきっかけに、再び国家警察に一元化しようという動きが出てきたのである。

大阪市行政局のパンフレットは「はしがき」で次のように述べている。

「吹田事件は、その後一部に自治体警察の弱体を暴露したものであるとの宣伝が行われるとともに、将

来にわたってかかる事件の再発を防ぐために都市自治警は国家警察に改める必要があるとの主張が行われ、十五国会以来の警察法改正の理由ともされているようである」と、現状を紹介したあとで、真相をそうではないと反論した。

「これは吹田事件の真相を全く誤り伝えたものであり、事実はこれに反し、国警側の警備態勢及び情況判断等にこそ、大いに疑問とせられる点があったのであって、決して、都市警察制度の欠陥を示すがごとき内容ではなかったのである」と結論付けている。

つまり吹田事件で警察がデモ隊を鎮圧できなかったことにショックを受けた日本政府は、国警と自治体警察の二元体制ではだめだとキャンペーンを張り、責任の隠蔽と論点のすり替えを行ったのである。それが、『検察研究特別資料第一二号　吹田・枚方事件について』が国会図書館での閲覧可能や神田・古書街での発見された理由ではないのか。

むしろ、政府は、起きてしまったことを逆手にとって、自治体警察の解体と都道府県警察への再編・統合をめざす。五四年に国会で警察法が通過した。大阪市行政局が存続をめざした大阪市警視庁など都市自治警察制度は解体され、都道府県単位の警察と変化し、治安面で国家警察の意思を貫徹しやすくなった。

吹田事件直後の破壊活動防止法の制定と、二年後の警察法の改訂こそ、日本政府が吹田事件など三大騒擾事件から学んだ、教訓の実践であった。

まんまとデモは貫徹してしまった。しかし、それを逆手にとって、地方自治ではなく国家意思の貫ける警察制度を、日本政府は手に入れたことになる。

二　共産党幹部の証言

人民新聞の経営

吹田事件当時の共産党大阪府委員会の幹部が存命中だという。名前を上田等という。上田の存在は、以前から承知していた。彼は、『人民新聞』という新聞発行の中心メンバーである。この新聞には、アラブからの日本赤軍・重信房子らの寄稿文や新左翼の党派の記事が掲載され、わたしは大阪府警記者クラブで公安部門を担当したころ、大阪・天満の小さな貸しビル二階にある人民新聞社に幾度か取材に行った記憶がある。

上田は、また、自然農法で知られる能勢農場を経営する中心メンバーの一人である。その能勢農場を舞台にドキュメンタリー番組『映像八〇・能勢早春賦』が放送されたことで、上田は大阪のジャーナリストの間ではちょっと知られた存在であった。

その上田が日本共産党を除名された経歴をもつだけではなく、吹田事件に関係があるらしいと、これまた十三の焼鳥屋一平に出入りするお客から風の噂で聞いた。

調べてみると、上田は事件の関係者なんて生やさしいものではなかった。事件を計画した幹部の一人であった。事件発生当時、日本共産党の大阪府委員会で農村対策部長をしていたのである。

吹田事件研究会で上田本人から話を聞きたいというリクエストが出たが、上田が九九年に心筋梗塞と脳血管障害の合併症で倒れ、吹田市内の国立循環器病センターでバイパス手術を受けるなど、体調が思わしくないから連絡がとれないと聞き、あきらめていた。

ところが、ある市民運動の集会に、上田が車いすに乗り妻に車いすを押されながらも、顔色のいい元気な姿を見せた。早速、わたしがあいさつに行った。わたしは時間もないことから、単刀直入に「吹田事件当時の話を伺いたい」と申し出たところ、その場で上田は「ここではなんだから、自宅にお出で」と、自宅電話番号のメモを渡してくれた。こうして上田から証言を聞くことになった。

本来なら吹田事件研究会のメンバーの前で上田の話を聞きたくて、上田の自宅周辺で車いすの出入りできるミニ集会場を探したが、結局適当な場所がなく、上田自身も体調が万全ではないと連絡があり、わたしだけが上田の自宅を訪れることになった。

上田に告げられた住所を地図で確認し、あちらこちらを探しながら訪ねて行ったが、現地に着いて、ちょっとびっくりした。吹田事件の山越え部隊のコース間近なのだ。

大阪大学の待兼山から旧西国街道(国道一七一号線)へ向かうデモコースで、最初の関門が警察予備隊の豊中通信所(現在の陸上自衛隊・豊中通信所)であった。事件当夜は、警察予備隊員がカービン銃をもってデモ隊の襲撃を警戒する中、山越え部隊のデモ隊は、何の手出しもせず通信隊のゲート前をそのまま通過したと、夫徳秀に聞いた。そのデモコース近くの住宅地に、上田の家が建っていた。

玄関のチャイムを押すと、上田夫人がドアを開けてくれた。

上田が、車いすに乗ってリビングルームに登場し、お茶を飲みながらリラックスした雰囲気でわたしの質問に率直に答えた。

上田等は、一九二八(昭和三)年八月生まれと言うから、夫徳秀の一歳年上。事件当時、二三歳。

大阪市住吉区内で、四男一女の長男として生まれた。父親は東大数学科出身で旧制大阪高校の数学の教師。母方の祖母が、私立学校・金蘭会学園の創設者の一人という、教育者一家で育った。

「自分で独立して思うように生きたいという気持ちの強かった父親と、格式張ったことが嫌いで楽天的な母親が築いた家庭は、わりあい小市民的自由主義的傾向があった」という。

上田等の父親の兄、つまり、上田の伯父が大審院(現在の最高裁判所)の判事で、京都大の哲学者・西田幾多郎の娘を妻にしている。

上田は、日米開戦の年(四一年)に大阪・十三にある府立北野中学に入学した。同じ時期、のちに漫画家になる手塚治虫が北野中学にいた。四年生になった四四年、学徒動員令で授業は中止、毎日が勤労動員の日々であったという。こんなところは、秦政明の青春と重なる。翌四五年春、旧制八高(名古屋)に進学したが、アメリカ軍の空襲で校舎は全焼し、八月一五日の終戦のラジオ放送は愛知県刈谷市の豊田製鋼で聞いた。

戦争に負けたとき、自殺しようと思ったという。「天皇制がなくなって、天皇はどうなる」と口走ったというから、当時としては普通のことながら、皇国少年であったことは間違いない。ここも秦政明に似ている。

その上田は、敗戦の翌年(四六年三月)、家族の疎開先の大阪・富田林で共産党員の演説を聴き、はじめは天皇制のことで口を極めて共産党員へ反論したところ、逆に見所があるとの理由で共産党への入党をすすめられ、翌日、一七歳で入党してしまう。こんな激しいオルグはこの時だけであったと、上田は苦笑しながら回顧した(わたしはそんなレベルで簡単に入党できる時代であったのかと思った)。

以来、共産党員としての活動が始まる。「アカハタ」売りからスタート、やがて青年共産同盟(青共)の中央委員会へ転勤、大阪・上本町二丁目の高洲病院地下に事務所を置き、青共オルグという活動歴である。

山猫スト

さて、上田に肝心の吹田事件のことを尋ねた。

上田は、事件の二ヵ月前(五二年四月)から、共産党大阪府委員会の農村対策部の責任者を務め、党の非合法活動に従事していた。吹田事件の前段階の闘争を、朝鮮戦争が勃発して数ヵ月後(五〇年秋)に起こしたという。

当時、日本は朝鮮戦争に協力、軍事生産はフル操業、国鉄吹田操車場にアメリカ軍のナパーム弾や戦車など、軍需物資が積み込まれた列車が連日通過していった。そこで、共産党は爆弾や軍需物資の輸送を阻止するのは絶対任務だと労働者に活発に働きかけ、阪急吹田駅近くの吹田市清和園のCという人の家で、会議を開き、戦争体制と闘うこと、軍需列車を止めることを決めた。

朝鮮戦争勃発から半年後(五〇年一一月)、吹田操車場で国鉄内部の党員が山猫ストを実行した。山猫ストというのはワイルドキャット・ストライキの翻訳で、組合員の一部が組合の中央執行機関の承認を得ないまま行うストライキのことである。

決行の前日、共産党北摂地区の責任者は、摂津富田駅近くの国鉄富田寮に全細胞を集めて「俺の手をやる。俺の腕を切ってくれ」「俺もいっしょに片腕になる」「覚悟してくれ」とアジテーションをし、職場のみんなも泣いたという。このことを上田は、「まるでヤクザ。なぜ泣いたのか。理屈もなにもなかった」

と半ばあきれ顔で説明した。

この決意表明にあおられた国鉄内部の行動部隊四〇人は、吹田操車場に入り、構内の小屋を取り囲み、貨車の運行を一時間半止めた。しかし、管理職が現場で進めた貨車の仕分け作業がスト破りになることに気づかず、結局、山猫ストは短時間の混乱だけで収拾された。山猫ストのあと、行動隊員四〇人は全員が配置転換を命じられた。

大阪府ビューロー

上田によると、朝鮮戦争開始二周年(五二年六月)を機に、改めて、吹田操車場を舞台に戦争協力への反対闘争、つまり吹田事件を計画したという。

事件の直前、当時の共産党大阪府委員会ビューロー(非公然組織の名称)の主要メンバーが集まった。上田の記憶では、大阪府ビューローキャップQらメンバー六人が参加した(註：Qは現在、日本共産党に二人しかいない常任幹部会のメンバーである)。

「吹田事件の前々日の六月二二日だったと思う。大阪・西淀川区姫島にあったX鉄工所の中二階で、府ビューローの最後の打ち合わせ会議を開き、意思を確認しあった。

私は農村対策部の責任者として出席した。出席者は、府ビューローキャップQのほか、三帰省吾(註：のちに日本人側首魁として起訴)、ほかに労働対策部、青年対策部からも出席、私の記憶では、メンバー六人が参加した。

ここで反対意見が出た。

「レッドパージですべての工場で（共産党）組織が破壊しつくされたあと、懸命の組織活動を重ねて非公然の組織化が進み出している。敵の弾圧を何とか大衆的に耐えきって将来に根を残すべきではないか」。「ここで残った全組織を投入して決戦に出れば、たとえ短期的に勝ったとしても、次は全滅させられるだろう。過激な戦術や行動は避けるべきではないか」などなど。すでに調査も終わり、計画も決まっていた。私は本当に切羽詰まって、勇気を奮い起こして反対意見を述べた。指導は一方的だし文句もあった」

これに対して、大阪府ビューローのキャップQが次のように反論した。

「Qは、自分の今までの態度と指導が悪かったと謝った。「中央のオヤジに叱られた。自己批判している。許してくれ。緊急の際だから」と泣いた。このオヤジが志田（重男）を指しているのは判った」という。

このあとが、いかにも日本的であった。上田が話を続けた。

「それで皆ホロリとして、「上が分かっているならそれでよい。よし、やろう」ということになった。もしあのとき、妥協せずに反対に固執していていたら、おそらく命はなかっただろうと思う。そんな雰囲気だった。今から思えば、党中央での業績競争、主導権争いもあったのだろう。東京のメーデー事件に対応して関西が急いだ。そんな側面があったと考えられる」という。

志田というのは、六全協で党中央委員に選ばれる志田重男のこと。五〇年の党分裂の際、徳田球一書記長は北京に亡命、北京機関を設置（五三年一〇月客死）。国内にのこった志田重男が日本国内の軍事路線を指導した。

さて、その志田は一一年兵庫県の淡路島生まれ。生家は貧しく、小学校五年のときから昼は働き夜学に通った。一九歳で大阪・堺の紡績工場で労働運動をスタート、二〇歳で入党。三三年下獄、いったん四〇年に出所。四一年再び逮捕され、拘置所内で徳田球一と初対面し、徳田から大きな影響を受けたという。戦後、大阪地方党再建促進委員会の委員になり、四九年東京に行き、徳田書記長に次ぐ書記次長にのし上がった。しかし、朝鮮戦争の休戦や破壊活動防止法の施行に伴い軍事路線は行き詰まり、五五年「六全協」で路線を修正したことは、以前記した通りである。志田は、「料亭での遊興費に党活動費を使い込んでいた」ことなどが発覚して失脚後、七一年七月、神戸で病死する。

結局、上田の証言をまとめると次のようなものであった。

コミンフォルム批判以後、分裂状態の日本共産党で、軍事部門の責任者であった志田重男が指導して、大阪府ビューローが吹田事件の計画を立てたが、いざ実行に移す段階で、組織防衛の観点から反対する声も決して小さくなかった。しかし、最後はビューローキャップＱの泣きが入って、吹田操車場へのデモ行進決行が決まった。それが、上田証言のポイントであった。

人民電車部隊の指導者

上田等にインタビューしていて興味深い話題があった。

三歳年下の弟・上田理（おさむ）のことである。上田等が朝鮮動乱二周年の前夜祭集会に参加、深夜集会場で弟と出会って、本当にびっくりしたという。兄は弟の活動を全く知らなかった。しかも弟は単なるデモ参加者ではなく、学生運動を指導していた。それればかりか、当日、弟は人民電車部隊を指揮したという。

早速、弟・理に連絡した。

「お兄さんから電話番号を教えてもらい、理さんに電話したのですが、人民電車部隊の総指揮をとっていたんですか？」

「なに、石橋駅で「お前、交渉に行ってこい」と言われたんで、交渉に行っただけですよ。大阪府学連の幹部でしたから」

「えっ。そうなんですか」

「吹田事件の一ヵ月くらい前かなぁ。青年対策部か学生対策部のえらいさんが「朝鮮戦争二周年を記念して、石橋で大きな集会をやる。各大学に連絡して、学生を動員するように」と指令が来たんですよ」

「それは、どこでですか？」

「北畠（大阪市阿倍野区の地名）の大学の寮やったね」

「大阪大学の理学部やったら、秦政明さん、ご存じですか？」

「うん、打ち合わせなどで数回会ったことがあるけれど、私は北畠の細胞やからね。北畠と北校（ほっこう）（大阪大学の豊中キャンパス）では細胞が違うから」

「あの、同じ大学の同じ学部でも、細胞は違うんですか？」

「うん、違うんや」

「お兄さんは、理さんが人民電車部隊の総指揮をとっていたと、言わはるんですけど」

「石橋駅からどこへ行くかも知らなんだ。知らないから、石橋から梅田へ行けって言うて、交渉したな」

「途中で降りることは知らなかったですか？」

「そや、服部駅で降りると言われたときは、ちょっとびっくりしたね」

「誰が指令したんですか？」

「集会が先に計画されたんやないの。集会を実施するという過程で、あれこれ加わったと思うね」

「お兄さんの証言では、前々日に、大阪府のビューローの幹部数人が集まって、予定通りの計画実行を確認していますが」

「わたしは学生部隊でいわば表舞台。集会の司会をどうするとか、進行をどうするということで頭がいっぱいだったね」

「吹田操車場へ行くことは？」

「そんな集会の後のことはいっさい知らされていなかった。集会が終わって、終電車もないし、そんなら石橋駅で交渉してこいとね」

つまり、大阪府学連の幹部はオモテの集会を切り回す役目であり、府下の各大学へ学生を動員する手配や当日の集会の司会進行をした。石橋駅での交渉役は、あくまで、その時にオーダーされたことで、吹田操車場へ行くこと、ましてや、いわゆる人民電車に乗った集会参加者を途中の服部駅で降ろしてデモに参加させることなど、思いもよらなかったという。

吹田事件の全体像が判り、さらにパーツパーツのメンバーが固有名詞で判明してくるたびに、わたしはいよいよもって、これは二重三重に計画された、相当に綿密な計画であったことを痛感した。

デモ隊が吹田駅に到着後、弟・理は京都市内で開催される全学連大会に出席しようと、電車に乗り込んだところで、警察官がピストルを発射した。理はケガをしなかったが、同じ時刻、大阪行きの列車に乗り込んでいた学生が太ももを撃たれた。それが、以前書いた医学部学生であった。

後日、警察の捜査の手が伸び、上田に逮捕状が出た。しかし、逮捕されたのは表舞台の活動をしていた弟の方で、共産党大阪府委員会の幹部をしていた兄は逮捕されずにすんだ。
「警察は弟を捕まえて、上田ナニガシを捕まえたと思っていたんだろ。まさか兄弟がいるなんて、警察は知らなかっただろうな」と、兄・等は元気に笑い飛ばした。

三　在日朝鮮人のリーダー

後ろから

吹田事件のデモに、在日朝鮮人の詩人・金時鐘（キム・シジョン）が参加したとの記事が朝日新聞の夕刊に載った。朝日新聞大阪本社創刊一二〇年記念版として、関西の過去の大事件を点検するシリーズで吹田事件を取りあげた。金時鐘は記事の中で、

「わたしは、デモ隊の後ろで参加しました。当時、朝鮮戦争で軍需列車を一〇分止めれば、同胞の命一〇〇〇人が救われると言われ、必至の思いでした」と控えめに語っている。

金時鐘は、毎日出版文化賞を『「在日」のはざまで』（立風書房、一九八六）で受賞した詩人である。八六年大阪・北新地での受賞を祝うパーティで、哲学者・鶴見俊輔が「金時鐘の文学は、日本語で書かれた世界文学」と絶賛したとき、会場の多くの聴衆はその通りとうなずいた。

というより、金時鐘のことは、大阪造兵廠を舞台に金属片を集めるアパッチ族のモデルと言った方が判りやすいかも知れない。金時鐘の親友でもある、在日の作家・梁石日（ヤン・ソギル）原作の同名の映画『夜を賭けて』で男優・山本太郎演じるアパッチ族の若手リーダーのモデルが、金時鐘である。アパッチ族をめぐっては、

作家・開高健が『日本三文オペラ』で、もう一人小松左京が『日本アパッチ族』でそれぞれ、金時鐘をモデルに素晴らしい小説を書いているが、そのいずれも金時鐘からの聞き書きに基づく。開高健の妻・牧羊子が詩人で、金時鐘と知り合いという関係で、開高健と小松左京の知るところとなった。

そうか、やっぱり金時鐘さんは吹田事件に参加していたんだとわたしは素朴に思った。参加者なら金時鐘に話をしてもらおうと単純に思い、研究会のメンバーにもどうやろねと同意を求めたりした。しかし、ことはスムーズに進まなかった。金時鐘と親しい新聞記者は吹田事件研究会に多い。わたしもまんざら面識がないわけではない。金時鐘はかつて、吹田市清和園（そう、上田等ら共産党メンバーが秘密に会議を開いたのと同じ地域）に住まいを構えていた。光州事件など韓国の政治で大きな動きがあると、細い路地の奥にある、金時鐘の自宅にテレビカメラマンといっしょにおじゃまし、インタビューしたことが、二度三度あった。

わたしが金時鐘の自宅に電話をした。吹田事件研究会のことを説明し、講師に来て欲しいと依頼したが、金時鐘はなんだかんだといいわけをして、スケジュールが合わないと、ていよく断られた。

吹田事件五〇ヵ年が近づいてきた二〇〇二年のはじめ。研究会でミニ市民集会を開こうという計画がまとまった。会場は、吹田操車場にほど近い吹田市立市民会館を確保したが講師がなかなか決まらなかった。平野一郎が金時鐘にしようと言い出した。

平野自身で金時鐘に電話してみるという。

金時鐘が兵庫県立湊川高校に日本で初めて公立学校の外国人講師として採用されたころ、朝日新聞に掲載された湊川高校についての記事に、高校の他の教員から「差別ではないか」と厳しいクレームがついたことがあった。社会部長だった平野は「訂正記事ならば小さな記事で終わってしまう。それより、社会部の記者を派遣するから、被差別部落出身や在日朝鮮人の生徒たちが日本人社会のなかで置かれた厳しい現実を紹介する記事を書いた方がいいのではないか」と提案したが、一蹴された。そうした経緯から、平野と金時鐘は三〇年来、互いを信頼するつきあいをしてきた。

そんな平野が金時鐘に電話をしてもやはり最初は断わられた。しかし、二度三度電話して、金時鐘は講演を受けた。「平野さんが私より年長だという、儒教精神で承諾した」と後で苦笑しながら金時鐘はいいわけをしたが、平野の熱心な勧めで金時鐘の吹田事件体験を聴くことになった。

吹田事件の集会の日程は、別の日程と重なっていた。金時鐘は前日、和歌山県新宮市での作家・中上健次についての講演予定が事前に決まっていた。このため、金時鐘は新宮での講演が終わったあと、夜の宴会に参加したものの、翌日の新宮周辺の温泉巡りをキャンセルし、早朝五時に起きた。午前六時新宮発の特急くろしおに乗って、六時間掛けて新大阪に到着、午後一時すぎからの吹田事件五〇ヵ年の集会にかけつけてくれた。スケジュールを聞き、わたしは本当にありがたいと思った。

吹田市民会館の小さなホールは、立ち見がでるほどの盛況であった。

髪に白いものが混じった金時鐘が登壇し、静かに語りはじめた。

「私はなによりも勇ましい話が苦手な者です。また、勇ましいことをやった記憶もないんです。いつもおずおずと、一人おびえており、ちょうど、この吹田事件は日本に渡り着いて三年目の事件でありましたが、日本に来ること自体が宝くじに当たるような確率でたどり着いたものですから、このデモで捕まるということは、私には、誇大な言い方ではなくて、死を意味するものでした。強制送還されますと、そのまま処刑されることは、私には実感として、いつも身体の震えとしてもっておったものですから」

と、重い切り口で講演は始まった。

皇国臣民

金時鐘は二九年一二月朝鮮の元山市(ウォンサン)で一人っ子として生まれた。父は学生時代三・一独立運動でデモに参加し、一時中国に逃れ、のちに朝鮮に戻り港湾労働に従事。母は済州島の旧家に生まれ、当時としては珍しく、読み書きなど教養を身につけていた。幼少のころから病弱で、腸チフス、栄養失調からの肋膜炎を患う。

「天皇の赤子になることが朝鮮人としていちばん正しい生き方、人間になること」と毎日教えられ、「ハングル一つも書けない、赫々(かくかく)たる皇国臣民の少年でした」

一五歳の夏、四五年八月一五日を迎える。小学校を卒業し、教員養成の学校に進学し、四年生の夏であった。

日本の敗戦は、朝鮮の光復(光りが復す＝解放)であった、はずである。

しかしながら、金時鐘が目の前で見たことは、アメリカ軍政庁による朝鮮人民政府の否認、朝鮮人民委員会の解散令であり、朝鮮総督府官吏復職令まで出された。つまり、主人が日本からアメリカに替わっただけで、親日派とよばれる、かつて同族を食い物にした連中がまた復権した。朝鮮人のナショナリズムに目覚めた金時鐘は、南朝鮮労働党に入党し、優秀な党員として活躍するが、そこで、済州島四・三事件に遭遇する。

日本の敗戦直後、南朝鮮に進駐したアメリカは、南朝鮮で単独選挙を実施し親米政権を樹立する方針を打ち出した。これに対して、単独選挙を強行すれば南北の民族分断が固定化されるからと、多くの反対運動が起きた。四八年四月三日、済州島では南朝鮮労働党に指導された人民遊撃隊が蜂起し、竹槍、手榴弾などわずかな武器で武装し、警察署を襲撃し、一時は島内のほとんどを掌握した。その結果、五月一〇日、南朝鮮の全土で単独選挙が実施されたが、済州島だけは阻止された(済州島のみ一年後の同じ日〔五月一〇日〕に選挙を実施した)。

しかし、蜂起鎮圧のため、国防警備隊やテロ団が送り込まれると、人民遊撃隊は済州島最高の火山・漢拏山(ハルラ)を根拠地にパルチザン闘争を展開した。国防警備隊員らは集落ごとに焼き払いパルチザンの家族を虐殺する一方、パルチザンも反撃した。こうした内戦状態の結果、人口二四万人弱の小さな島で、多数の島民が殺された。

これを済州島四・三人民蜂起事件という。

金時鐘に『なぜ書きつづけてきたか　なぜ沈黙してきたか』(平凡社、二〇〇一)という本がある。金時鐘の友人で、済州島四・三蜂起をテーマにした長編小説『火山島』を書きつづけてきた作家の金石範(キム・ソッポム)と金時鐘との対談を収めた本である(小説『火山島』〔文藝春秋〕は第一巻の発行が一九八三年、第七巻が一九九七年、未完の大作である)。

対談集のタイトルの「書きつづけてきた」のは金石範のこと。そして「沈黙してきた」のは金時鐘である。沈黙してきた金時鐘が、封印を破って、済州島で体験したことをはじめて語ったのが今から四年前のこと(二〇〇〇年四月一五日)であった。

済州島四・三蜂起の五二ヵ年にあたる記念集会がお茶の水で開かれ、金時鐘が講演した。わたしの家にも、講演記録を載せた『図書新聞』を金時鐘が郵送してきた。その生々しい内容に、わたしは文字を凝視したまま息をするのも忘れるほど驚いた。それをつい昨日のようにはっきりと記憶している。

砂利浜

五二年の沈黙を破って、はじめて語った金時鐘の済州島四・三蜂起の体験を少しだけ紹介する。なぜなら、この体験が吹田事件参加の動機を形作るからだ。

「(国防警備隊員らは)ゲリラ側に仕立てられた民衆を針金で括って五、六人単位で海に投げ込んで虐殺した。その死体が数日たつと浜に打ち上げられてくる。

私の育った済州島の城内の浜は砂利浜ですが、海が荒れると砂利がグォーっと鳴って響くんです。そこには針金で手首を括られた水死体が打ち上げられてくる。何体も何体も、海に漬かっていたために、その体は豆腐のおからのようになっていて、波が寄せるたびに向きを変え、皮膚がずるずるとずり落ちるんです。明け方から遺族が三々五々集まってきて、死体を確認する。

私はなぜ、五〇年以上も四・三事件について語らずにきたのか、生理感覚的に、済州島の四・三事件にからんだ記憶が、私の胸の奥ですっかりぎざぎざのまま凝固してしまって、まずは、済州島を思い起こしたくないという思いが、どうしても働いてしまうんです」(図書新聞、二〇〇〇年五月二七日)。

わたしは、済州島四・三蜂起の五〇ヵ年(九八年)の際、記念シンポジウムを聴くため韓国・済州島を訪れた。

わたしが身体で鮮明に記憶していることは二点。

島民が立て籠もった、火山の溶岩トンネルに入った。身体をようやくすりぬけ入ることのできる細い入口を通って匍匐(ほふく)前進をすること三〇分、ようやく村民六〇人が数ヵ月立て籠もった空間があった。かすかに揺れるローソクの灯りに照らされて事件の遺族が当時の体験を語ってくれたが、風穴と呼ばれる壁から島民の怨嗟の声が今にも聞こえてきそうであった。

それから共産ゲリラという、根拠のない容疑をかけられた村民が処刑された小学校を訪れた。数百人が殺されたという小学校のグラウンドは、立っているだけで足下から手が伸びてわたしの足首を捕まえそうな、足の裏が何とも奇妙な気持ち。足を踏みしめてはならぬと声がどこからか聞こえた。

金時鐘の体験の中で、五月末に起きた郵便局事件がとりわけ生々しかった。

特攻警備隊員によって、金時鐘の小学校のクラスメイトと一年先輩が共産ゲリラと目され、ある日突然引っ張り出され、公道で撃ち殺される事件が起きた。そうなると今度は、金時鐘の周りで復讐のため、郵便局を襲撃し、特攻警備員が家族たちに送る為替や郵便物を火炎ビンで焼く計画が立てられた。金時鐘が教員養成所の一かたまりの郵便物といっしょに燃料用の火炎ビンを郵便局に持ち込んだ。窓口業務の仲間が小包といっしょに受け取り、火炎ビンを窓口近くに置いた。

第三の協力者が郵便局に入ってきたところで、悲劇は起きた。

金時鐘の目の前のできごとであった。

「私と入れ違いに、(点火用の)火炎ビンを投げる役目の仲間が切手を買おうと言って入ってきました。そして、窓口のわきに置いた(燃料用)火炎ビンにぶつければすむんですが、彼は郵便局内に従兄の姿を見かけ、火炎ビンを持ち上げたままわけもわからず絶叫したもんだから、（郵便局内に常時待機している）警備員がカービン銃を発射しました。

よく打ち合わせてはいたんですが、人間恐怖に陥るとわからなくなるんです。

彼は三つあるドアのいちばん奥を押してすりぬけ、次に真ん中のドアも開けたのですが、いちばん表のドアは引かなければ開かないのに、必死に押すわけです。

それこそ、人間の目があれほど大きく見開くものだろうか、まざまざと、あのこぶしほどの真っ白い目が、私の脳裏に焼き付きました。

瞬時にして、（彼の）頭を（警備員が）外からも中からも撃ちましたから、脳みそがガラス張りのドアに散りました。

人間の脳みそは大きいんです。豆腐を握りつぶしたようなものがしたたって、そして彼は、そのドアにしがみついたまま絶命しました」

郵便局事件の直後、金時鐘は地下に潜った。彼のクラスメイトはほとんどが惨殺された。

父親がいろいろと段取りをして（当然のことながら、金を工面して）、金時鐘は密航船で済州島を逃れ、命からがら日本の神戸・須磨海岸に密入国を果たす。郵便局事件の一年後、四九年六月のことであった。

済州島四・三蜂起の被害者の数であるが、韓国政府は事件から五五年目になる二〇〇三年四月に、初めての政府報告書を発表したが、この報告書によれば死亡者はおよそ三万人。

金時鐘の推計によれば、当時二四万人弱の人口で、実質五万人以上が死に、村落の三分の一が焼き払われたという。

中西部隊

日本にやってきてから、金時鐘は大阪・生野区の南生野町、通称鶏小屋（タクトウナリ）とあだ名される、朝鮮人の多住集落に住まいを移した。五〇年に金時鐘は日本共産党に入党し、阪神教育闘争で閉鎖された、民族学校を再開させようと努めた。生野区の東端・巽（たつみ）地区を当時「中西（なかにし）地区」と呼んだが、金時鐘は裏方の責任者となって、機動隊員が厳重な警備をしく中、五一年四月、中西朝鮮小学校を開校に導く。

その翌年、吹田事件に誘われる。声がかかったのは事件の半年前であったという。

デモをすれば、追ってくる警察の機動隊員と一定の距離を保ちながら進まなければならない。そこで一番案じたのが、最後尾のしんがり部隊をどうするかという問題であった。

「総合G会議」といって、単一団体や各部署のキャップたちの主だったメンバーが集まる会議が開かれた。

「一番後ろの部隊に在日朝鮮人の大阪、といえば日本中で一番大きな組織であったわけですが、大阪で一番強い地区組織として中西部隊、中西組を置こうということになったんです」

つまり、一〇〇〇人のデモ隊のいちばん先頭を、日本人首魁の三帰省吾と朝鮮人首魁の夫徳秀が、そして、いちばん後ろを金時鐘が担っていたことが、判明した。

中西地区をはじめ大阪の生野は在日朝鮮人が数多く住む地域だが、同時に町工場の街でもある。朝鮮戦争でいちばん使われたナパーム爆弾や親子爆弾をつくっていたのも、この生野の町工場であった。

ナパーム爆弾（油脂爆弾と訳される）が一発落ちると、八〇〇メートル四方は完全なコークスになるという。

人間も物も全部、特に人間は完全なコークスになる。一度、油脂爆弾を浴びると絶対、消せない。みるみる肉が燃えていくと、金時鐘は説明した。

また、親子爆弾の部品も生野の町工場でつくられた。親子爆弾のなかにはぎざぎざに切り込んだ鉄片が入れてあり、この爆弾が爆発すれば空中から小爆弾が雨あられと降り注ぐわけで、これは完全に生き物、特に人間を殺傷するためにのみ作られた爆弾であった。

金時鐘は吹田事件の直前まで、こうした親子爆弾を作っている町工場を訪れ、親子爆弾を作らないように説得にまわった。しかし、聞き入れられないと、摘発にまわったという。

「いちばん辛かったのは、うちの同胞が絡んでいるんですね。

うちの同胞は生野区、東成区一円で錠前工場とロクロ工場を営んでいるが、親子爆弾の部品を作っているんです。祖国防衛隊の若い青年たちの実力行使の前に、工場へ説得に入るのが私の役目でした。

「同族が殺しあっているときに、殺す側の仕事をしてはならないんじゃないか」と説得したが、その日のメシに追われる家族にしてみれば、自分が爆弾を作っているという思いが全然ない。で説得がきかないと、祖国防衛青年隊の実力行使になるんです。一馬力の半分のモーターを壊すのは、簡単に叩き割れるし、ベルトなんて瞬時に切ってしまいます。そうすると、工場の側から、「やめや、おれ。やめや、おれ。チョウセン、やめや」ってね、叫んどったんです。今も耳にこびりついて、離れません」

金時鐘には相手の気持ちが痛いほど判った。

金時鐘は最後にこうつけ加えた。

「つまり朝鮮戦争というのは、アメリカ軍とうちの本国の戦争でしたが、日本に居住する在日同胞にも抜きがたい亀裂を生じさせましたね。重たい現実が日本にずっとありました」

握りめしとトイレ

学生部隊の上田理が大阪大学豊中キャンパスでの集会だけを命じられ、その後の行動を一切知らされていなかったのと、対照的に、金時鐘のところへは民対（日本共産党大阪府委員会の民族対策部）から半年前に秘密指令が降りてきた。

デモ隊は、待兼山を東に向け出発し、三島郡豊川村小野原（現在の箕面市小野原）でコースの方向を変え南下、小野原街道を進み、現在の大阪大学吹田キャンパス入口の瑞恩池付近で休憩し、続いて、山田村下（現在の吹田市山田地区）の人民電車部隊との合流地点で二度目の休憩を取り、夜が明けてから、吹田操車場に入る（途中、デモ隊とは別に動いた部隊＝別働隊が箕面町内で日本国粋党総裁・笹川良一（りょういち）の自宅に石などを投げ込んだ。笹川は戦時中、イタリア・ファシスト党党首ムッソリーニに面会するなど、国粋運動を進めていた）。

こうした食事やトイレ休憩の場所などを点検し、吹田操車場へのデモコースを事前に念入りに下見し、問題点をチェックし、課題を具体的にクリアするなど事前準備を万全に果たし、当日うまくいくようにしたという。

「おにぎりは一〇〇〇人分炊き出してもらった」という。

「何せデモ隊の人数が人数やろ、数ヵ月前から朝鮮人の間をまわって、カンパを募らないと具体的な活動はできへんやないの。人力も大事や。朝鮮人女性同盟が大きな釜でご飯を炊いて、それを次々に握ってもらい、待兼山に運んだ。トイレ休憩の場所は、事前に決めておいて、そこには穴を掘っておいて、大きい方は新聞紙に包んで穴に入れてもらった」

もう一つ、重大な闘いを在日朝鮮人たちは準備していた。

「六・二五を記念して反戦・平和のデモを起こす闘いは、親子爆弾やナパーム爆弾を大阪から朝鮮半島への軍需物資輸送を阻害するための運動でした。

軍需列車を一〇分間遅らすと、うちの同胞一〇〇〇人の命が助かると言われたし、実際そうだったんです。住民が寝静まったころを狙って見計らって、いろんな兵器や弾薬が運ばれたんですね。列車輸送阻止の決死隊、私が知っているところでは、一〇数人を組織しまして、それは、闘争が失敗し列車が動いたら、線路に身を投げるというのでありました。

ほんとうにその時間を待って、みんな列車の線路に身を横たえたんです」

ここまで、話すと吹田市民会館の聴衆は、しんと静まりかえり、しわぶき一つ聞こえない。聴衆に混じってじっと耳を傾けていた随筆家の岡部伊都子は、そっと白いハンカチで目頭をぬぐった。

このあと、わたしは列車輸送阻止の決死隊メンバーでの生存者がいないか、夫徳秀を含め、いろいろな人に当たり、たった一人ようやく確認したが、すでに数年前に亡くなっていた。それ以上の追跡は無理であった。

一斉検挙

徹夜のデモ行進を終え、国鉄吹田駅での混乱を逃れたデモ隊のメンバーの多くは、国鉄大阪駅にやっとのことでたどり着いた。

検挙されれば、韓国に強制送還され、済州島四・三蜂起の関係で処刑は免れないという身の上の金時鐘は、絶対、検挙されてはならなかった。

国鉄東海道線から城東線(今の環状線)に乗り換える予定であったが、金時鐘は梅田貨物駅に沿って、いったん中央郵便局の入口(現在の西口)から城東線ホームに上がった。そこで見たのは修羅場であったという。

「警察官がピストルを水平に撃つのを見ました。デモ隊からの火炎ビンを浴びたらしいのですが、その家族には申し訳ないけど、芋ころが転がり落ちるようにこぼれていくんですね、警察官が火を噴いて、警察車両から。鬼さながらの形相でピストルを構えて、階段を四つんばいみたいな形で上がってきて、ピストルを撃つのを目の当たりにしました」(註:検察は大阪駅での発砲を法廷で認めていない)。

金時鐘はその修羅場から逃走を図った。

「当時、民主愛国青年同盟の副委員長と、若い女性のデモ参加者二人を連れて、こんどは逆に一番西端の西口から出まして、大回りして、阪神百貨店から地下に入って、大阪市営地下鉄に乗って、天王寺に行きました。

ほんとうにこれはびろうな話ですが、若い、まだ二〇歳前の女性でしたが、この若い女性もすっかりパンツを汚しちゃってるんですよね。においが凄くて、満員電車(ちょうど通勤通学客で混み合う、朝のラッシュ時間帯でした)で彼女を真ん中にして、天王寺まで行くのは大変でした。天王寺公園のトイレで彼女にパンツを捨てろといって、若いみそらの彼女でしたが、私は臀部(でん)を拭き取ってあげました。そこで、三人別々になりました」

吹田事件の主だった人は捕まっていくが、金時鐘は捕まってはならない。金時鐘は、日本共産党民対や民戦の特別の配慮を受けて、いくつものアジトを巡りながら、数年間逃亡生活を送った。

「学校(中西朝鮮小学校)近くの四軒長屋の一軒に下宿していました。大家はうちの同胞のおばさんでしたが、そのすぐ隣が巽消防署の署員で、さらにその隣が警察官なんですね。警察官が早朝、朝鮮人を襲うために早出をすると消防署の奥さんが察知してすぐ私のところに知らせてくるんですね。裏の物干し場の踊り場がずっと通じていて、警察の捜索を受けた二回とも消防署と警察官の奥さんの温情で捕まりませんでした」

ちょっと、会場の雰囲気がゆるんだ。さらに、金時鐘は逃亡中の奇妙な体験を話した。

「おかしなもんで、自分といっしょに動いているメンバーがほとんど捕まっていきますと、自分が捕まらないのが後ろめたくなるんですよ。潜んでいると、とても退屈するんですね、若いから」

このとき金時鐘、二二歳。

「やたらメシも食えんで焦っているのに、別人格のもう一人のぼくだけはいつも元気でね、潜むっていうのは、ほんとに容易じゃない、何であれだけ欲情するのか判らない。だから、ぼくは韓国の民主化闘争で一番無惨に思うのは、若い学生青年たちが捕まって、牢屋に何年もぶち込まれること。思想を通すことは難しいといえば難しいけど、生身の生理をコントロールするということは本当に煩悩の限りだ。そういうことをほんのちょっぴり吹田事件で私も味わったものです」

ちょっと緩んだ会場の雰囲気が再びため息に替わった。

さらに、金時鐘は内緒話を、そっと披露した。

「事の始まりは、四・三事件の折、警察官に追われて、路地を走り抜けるとき、漏らしました。それ以来、何か極度の緊張に陥ると、おなかの具合がよくない。

待兼山(大阪大学豊中キャンパスの集会場)で女性同盟のおばさんたちが、ほんとに手際よく、握り飯を配ったんですがね、また、おいしいんだ。あんな、肌寒い夜を通してね、そういう夜更けに握り飯を食べるのは。みんな、ほんとにつながった友人たちですしね。

その握り飯を一個にとめておけばいいものを二個も食べちゃって。

これが下痢の始まりでして。警官はそこにおるわ。どっかにしゃがむわけにはいかないわ。先に行って、ぼくは民族新聞のルポ記事をとらないかんわ。独楽(こま)鼠のようにまわらなきゃならんのに、とにかく、おなかをおさえて歩をにぶらせている」

ここで、金時鐘は自作の詩を朗読した。日本で最初の長編詩集と呼ばれる『新潟』の一節である。新潟市内には北緯三八度線が通っていて、「よんどころなく、自分の故郷を離れねばならなかったある男が、国で越えられなかった三八度線を日本で超えるというのが、この詩集の主題です」と説明があった。

「悲哀とは
山に包まれた
脱糞者の
心である。

銃声に
急ぎ
ひっこんだ
ぼくが
夜来の排泄物を
蔵したまま
ここ十年
直腸硬塞にとりつかれているのも
あいつが
先ばしった賜物であるとは
言えないか!?（略）
まとも
用が足したい。
通じをこらえとおすのは
韓国だけで
沢山だ！（略）
戦争犯罪者の
日本に

居て
自己の
やすらげる
穴ぐらだけを
欲している
この臓腑の
みにくさはどうだ！」

金時鐘がまとめた。

「吹田事件というと、私には下痢しか思い浮かばない。その自分の便通一つ、通常にしてもらえない関係が、日本との関係なんだと思うとき、ぼくの憎悪は、理屈としてじゃなく、生理として、突き上がる。お前たちは誰をとらまえるために、誰を鎮めるために、私たちと対峙し、私たちを追い立てるのか……」

済州島四・三蜂起を身を以て体験した金時鐘は、韓国がどういう経過を経て建国されたか、骨の髄まで染みわたるほど承知した。だから、金時鐘にとって、北朝鮮は当時「正義」そのものであった。

吹田事件で金時鐘が超人的な役割を演じることができたのも、そのせいであった。

ところが、金時鐘が北朝鮮の正義の内容をやがて知ることになる。朝鮮戦争が終わり、北からの統一に失敗したあと、北朝鮮の金日成は粛清を始めた。南朝鮮労働党を代表して、南朝鮮から北朝鮮に渡った、朴憲泳が北朝鮮で粛清にあい処刑されたと聞いたとき(五五年一二月)、金時鐘にとって、北朝鮮は「正義」ではなくなった。そして同じ時期に生まれた朝鮮総連は、金時鐘にとって「クーデターも同然」で誕生した組織にしか見えなかったという。

四　茨木警察ウェポン車事件

進駐軍専用列車

吹田事件の講演から間もなく、わたしは金時鐘を一平に誘った。待ち合わせたのは、梅田の紀伊国屋書店。金時鐘は詩集のコーナーで詩集を見ていた。

すぐに書店横のエスカレーターで阪急電鉄の梅田駅のホームに上がった。

「十三には、後ろから四両目の車両がええんや」と、すたすたと元気な足取りで、マルーン色の車両に乗り込んだ。

車内は勤め帰りのサラリーマンやＯＬで混んでいた。

「ヒデキ、知ってるか？

昔、阪急には進駐軍の専用列車があって、今の阪急色とは別に、白く塗った車両が宝塚線を走っとったんよ。当時は、宝塚線の沿線には、イタミ・エアベースや進駐軍の将校用に刀根山（とねやま）ハウスがあってねぇ。大阪市内の軍関係と連絡しておったのよ。軍施設というのは、例えば今の淀屋橋の日本生命本社ビルがアメリカ軍の第二五師団司令部、御堂筋はライトニング・ブールバード、稲妻通りと呼ばれていたんやから」

へぇそうなんやと、五一年生まれのわたしにとって知らないことばかりで驚いた。

「今はオフィス街の真ん中にある靱公園は占領軍の連絡用飛行場で、だから、細長いやろ。ほかに、心斎橋のそごう百貨店がＰＸと言って購買部、住吉区の大阪商科大（現在の大阪市立大学）が第二七歩兵連隊の本部だったわ」

そんな話をする間もなく、電車は淀川を渡り、十三に着いた。

「あ、ほんとだ。ぴったり」と、後ろから四両目が十三駅の改札口前にぴたりと停まり、わたしは舌を巻いた。

十三駅西口の改札口を出て右に曲がると、細い路地の奥に一平の大きな赤ちょうちんが見えてきた。

「ごめんください」とガラスの扉を開けると、マスターが炭火の前で焼き鳥を焼いていた。

「プドクスという名前は、私には特別の響きで響くね」と、金時鐘が言いながら、わたしと二人、カウンターのスツールに腰を乗せた。

「この人ほど、トンムって朝鮮語でいうけど、同志という言葉がぴったりする人も珍しいね」

まずは、ビールで夫徳秀も交え、久しぶりの再会を祝って乾杯した。いつものおいしい焼き鳥を食べ、しばらく会話がはずんだところで、わたしが金時鐘に訊いた。

「シジョン先生とマスターとは、どういう関係なんですか？」と。

そこで、金時鐘がにやりと笑った。

思わぬ答えが返ってきたのである。

「ヒデキは、李芳一（リ・バンイル）のことを知ってるやろ。朝鮮総連の大阪府本部の国際部長を永く務めたお人ですわ。そのバンイルは、実は字が上手やった。

ぼくたちは、『マルセ』という新聞を作っていてねぇ。民戦時代の非合法組織、祖防委(祖国防衛委員会)の非合法機関誌の名前やね」

「マルセって、何ですか?」とわたしが訊く。

「新しい朝鮮のことを「セチョソン」と朝鮮語でいうんやが、その頭文字のセを丸く囲んでマルセ。わたしがその新聞の編集遊軍、記事を書く。こちらは活版印刷なんやが、これとは別に同じ時期、ミネチョン、つまり民愛青(朝鮮民主愛国青年同盟)ね。これの機関誌やビラの原稿を、わたしが書いた。バンイルさんはそれをきれいにガリ版に切って印刷する。それを、このプさんが朝鮮人の仲間に配布するっていうわけや」

なんだ、めちゃめちゃ三人は親しい間柄ではないかと、感じた。

もう一人の政治亡命者

ここでわたしが李芳一から二〇年前にこっそりうち明けられた秘密を打ち明けた。

「バンイルさんは、自分が済州島から密航船で日本に来たって、言ってましたよ」

「そうなんや」と夫徳秀がぽつりと話した。

吹田事件当時、ミネチョン大阪府委員会の委員長が夫徳秀であり、李芳一はその右腕の書記長であった。二人は切っても切れない間柄であったのだ。李芳一も、済州島四・三事件の「亡命者」であったのだろうか。が、詳しい事情を聞き損ねた。肝臓を痛め早死にした。今となっては確かめようがないのが、残念である。天王寺の統国寺で通夜が営まれたが、統国寺は李芳一を慕う在日朝鮮人の弔問客でいっぱいであった。酒を浴びるように飲んでいたのが原因であったかも知れない。わたしと李芳一とは八九年ピョンヤンの労働新聞社前にある、在日朝鮮人が経営してる居酒屋で、いっしょに飲んだのが最後の機会となった。

ところで、夫徳秀は吹田事件の騒擾罪・首魁での起訴と同時に、大韓民国居留民団の鶴橋分団に対する暴力行為でも起訴されていたが、一審判決では、夫徳秀のアリバイを他ならぬ、李芳一書記長が「被告人は当日現場に赴いたことはない」と証言し、夫徳秀はこの件でも無罪となった。

つまり、大阪・十三、一平のマスター夫徳秀を軸に、詩人・金時鐘と朝鮮総連大阪の元国際部長・李芳一のトライアングルが目の前に五〇年の時空を越えて、浮かび上がってきた。

そして、偶然ではあるが、わたしを十三の一平に案内したのは、李芳一であった。あれから二〇年を超えた。最初に訪れたのが、金日成主席生誕七〇周年記念行事の取材打ち合わせ。一平のマスターと本当に親しくなったのが、主席生誕八〇周年の訪朝。取材に付き添ったコーディネータの長男の嫁が結びつきのきっかけであった。

見えない糸に導かれ、金時鐘、夫徳秀そしてわたしがビールを飲んだことになる。

ピストル発射の疑い

わたしが検察特別資料を読んで疑問に思ったことを、夫徳秀に質問してみた。

「マスターは、警察の記録では、ピストルを撃ったことになっているんですが、本当に撃ったんですか?」

検察資料というのはこうだ。

「被告人の右手を鑑定した結果、亜硝酸反応が認められ拳銃を発射したと推定されること」これは、当時の大阪市警視庁の技手高野三郎による、理化学鑑定結果復命書である。

では、どうしてデモ隊のメンバーがピストルを所持していたか。実はデモ隊を追い越そうとした茨木市警のウェポン車（ウェポンとは武器のこと、武器や人員を運ぶ軍隊用語から転じた言葉、機動隊員を乗せたトラックのこと）がデモ隊の襲撃にあい、荷台の警察官が車外に飛び出し、ピストル二丁を奪われる事件が発生した。

裁判の資料はちょっとわずらわしいが、夫徳秀に関係するので辛抱して引用する。

デモ隊が吹田操車場構内を約二〇分間デモした後、操車場構内を出て東海道線北側沿いの産業道路を吹田駅方面に向かって、デモを続行中、別働隊がたまたま通りかかったアメリカ軍のクラーク准将の乗用車、ピース軍曹の乗用車、岸辺巡査派出所、片山東巡査派出所、片山西巡査派出所に火炎ビンで攻撃した。

そうした折り、茨木市警察の警察官二八人を乗せたウェポン車がデモ隊の横をすり抜け、前に出ようとした。その時、アクシデントが起きた。

第一審の今中裁判長は次のように事実認定した。

「認定事実は、検察官主張の基礎となっている事実と相当相違していること。暴行等の行為に出たものは、集団の一部のものに限られること。茨木市警ウェポン車の場面では相当多数のものが一時隊列を離れて路地や民家の裏に逃避していること。ウェポン車の場面では集団の先頭付近で車上の警察官に対する追跡を制止しようとするものが認められること。などをあわせ考えると、右一連の行為をもって、直ちに集団のいわゆる共同意思に出た、いわば集団そのものの暴行と認めがたいのである」

大阪地裁は集団の共同意思を否定した。ここで重要なことは、拳銃奪取をあらかじめ計画したのではなく、茨木市警のウェポン車がデモ隊を追い越した結果、偶発のできごととして事件が起きたことだ。

茨木市警の報告

ウェポン車事件発生の二日後、折りから定例会開催中のの茨木市議会がこの問題を取り上げた。中谷光茨木市長と関本章警察長が事細かな状況報告をした(茨木市議会速記録、五二年六月二七日)。関本警察長の報告によれば、茨木市警の六月二五日の行動はこうであった。

「午前三時ごろ、約五、六〇名が、三島郡豊川村小野原から茨木市へ行くとの情報が入る。

午前四時ごろ、その中の一部が西国街道にぼつぼつ姿を現したとの情報が入る。

同　一〇分ごろ、部内在住の非番員に全員招集を命じる。

同　三〇分ごろ、全員が集合。二六人の部隊を編成した。

同　四〇分ごろ、吹田市警から応援要請。

同　四五分、運転手を含め二七人がウェポン・キャリアで出発。

午前七時ごろ、東海道線岸辺駅の東側で、吹田市警松本警視の指揮下に入る。

同　一〇分ごろ、デモ隊後方五〇〇メートルの地点には、国警管区警察学校の生徒二個小隊を乗せた自動車二台が停車していた。茨木市警ウェポン車は、松本警視から「デモ隊を追い越してくれ」との指示があり、「大丈夫だろう」との判断で、時速六〇キロの速度で道路の右側を追い越していこうとした。

ウェポン車が後尾にかかった直後、デモ隊から火炎ビンなどの攻撃を受けた。

松本警視以下二八人中、一六人が火だるまになり、路上に転落。ウェポン車はいったん停車したが、松本警視が「これだけの隊員をもってはデモ隊に対することはできない」との判断のもと、仕方なく吹田警察に連絡を取りに行った」

つまり、ウェポン車事件は、吹田市警の指揮下でのできごとであった。

茨木市警の関本警察長の報告は続く。

「人的な被害は、全治三週間のものが三名。全治二週間が六人。全治一週間が一八人と、ほぼ全員が火傷を負った。このうち四人が警察病院に入院、一一人が自宅療養。残る一二人が火傷をおして警察勤務についた。最後に、吹田市警への応援は警察法に基づくこと。警察官の災害補償は国庫で補償される」と報告している。

この事件に対して、例の大阪地検の秘密報告書は厳しく批判している。

「現場責任者の吹田市警松本警視が、管区学校生徒応援隊の指揮者吉井警視に全く連絡なしに、単独に茨木市警ウェポン車でデモ隊の側面を強行突破しようとしたのは、現場責任者としての責任ある地位にふさわしくない措置である」

「管区学校生徒応援隊が、茨木市警員の受けた暴行を目前に看過したことは、警察官としては遺憾きわまることである」

「デモ隊員は、片端から吹田市警の派出所を襲撃したが、しかもなお、管区学校生徒応援隊はデモ隊の後尾に追従するのみで、全く積極的行動にでなかったのは全く言語道断の措置というべきである。これは、現場指揮官の指揮が充分でなかったとか、指揮が悪かったとかの問題ではなく、警備部員全員の志気沮喪の結果である」

「すなわち、恐らく管区学校応援隊は、デモ隊の検挙というごとき事案の起きることを指示されもせず、又予期もしなかったので、茫然なすところを知らなかったのであろうと推察されるのである。しからずしては、苟も警備部隊として出発した警察官として放任しえない事態である」

と最大級の厳しい言葉で、現場の警察官の責任を糾弾している。

こうした背景があるからか、検察側は夫徳秀をこの件で起訴していない。起訴に自信をもてなかったのではないだろうか。

冒頭陳述に「デモ隊員が吹田駅で奪った拳銃を発射した」とは一行も述べていない。もし言及すれば、犯罪の証明をしなければならないが、その証拠に自信を持てなかったから、あえて見送ったのであろう。

結局、大阪市警視庁の技手による理化学鑑定結果復命書だけが唯一の書証となる。

「夫さん、検察の資料では吹田駅でピストルを撃ったことになってますが、ホントですか?」こう一平で尋ねた。

「そんな、あらへん」と取り付く島もない。夫徳秀は強く否定した。

しかし、何度も足を運ぶうち、こんなことを口にした。

「いや実はね、デモ隊のメンバーの一人がわたしのとこに、ピストルをもってきたの。茨木市警の警察官から奪った直後だったね。そいで、こんなんもっていたらヤバイと思って、すぐに気の置けないメンバーに、「阪急京都線の上新庄駅近くにこれこれの場所があるから隠せ」って指示したんですわ」

これを聴いて、びっくりした。

「それから、どうなったんですか？」思わず尋ねた。

「わし、二年間、拘置所に入っていたやろ。そこから出てきて、しばらくして尾行が付いていないかを確認してから、上新庄の家に行ったよ。そしたら、ないんやピストルが……」

もう一つのピストル

わたしが夫徳秀のピストルの話をした、その時だ。たまたま同席した在日朝鮮人Rが（Rのことは詳しく述べることはできないが）、突然口をはさんだ。

「もう一丁は、わたしが知人といっしょに大阪に埋めた」

と、ぽつりと口にした。

「デモ隊のメンバーの一人が、わたしのところに持ってきた。わたしは逮捕されなかったが所持することは正直困った。困ったけれども、もって行きどころがない。本当はそのような危険なことをしてはいけないのは百も承知している。だが、仕様ことなしに、翌日、大阪市内のあるところに埋めた」

あまりのことに、次の言葉がでなかった。

「ところが、しばらくして掘り出しに行くとないんや。ほら朴正熙狙撃事件があったやろ。何年かな？」

「ええっと、わたしが入社する直前ですから、七四年の光復節」光復節とは八月一五日。

「そうや、心配したで。あの拳銃と違うかと思って」Rはさらに思いを一気に話した。

七四年八月一五日、ソウルで起きた韓国の朴正熙大統領狙撃事件では、朴正熙本人は狙撃を免れたが夫人の陸英修を失う。韓国政府は、容疑者として在日韓国人青年を逮捕。使用された拳銃は、大阪府警南警察署の派出所から奪われたものと判明した。

そのRは、朴正熙狙撃事件で使われたピストルがあの吹田事件で茨木市警から奪われたものが回り回って使われたのではないかと心配したという。それを聴いて、逆にわたしは、茨木市警のピストルがRのもとに届けられ、そして大阪市内に埋められたプロセスを心の中で反芻していた。朴正熙を狙ったピストルの出所を心配したというRの言葉に誇張はないと思った。

夫徳秀も同じだ。わたしにそんなことを話して、一体、何のメリットがあろう。むしろ、デメリットばかりではないか。

にもかかわらず、わたしの前で歴史の真実を話す気になった。それは、実際に起きたことをきちんと後世に、そして、朝鮮と日本の民衆に事実を伝えたかったからに他ならない、と思った。

ピストルは、日本と朝鮮の闇の中に消えた。

五　日本人側首魁

三帰省吾

吹田事件には、もう一人、立役者がいた。三帰(みき)省吾という。日本人側の首魁である。わたしは、この事件を調べ始めたころからずっと気になっていた。

吹田事件の生き字引である平野一郎に尋ねたところ、平野が司法記者クラブ時代、三帰が法廷で証言する際、平野も法廷に傍聴し記事を書いたという。早速、平野から記事のコピーをもらった。記事をもらって、びっくりした。三帰が転向声明を出し、裁判の分離を主張していたのだ。生きているものやら、亡くなったものやら、誰も知らない。

主任弁護人の石川元也に会ったときも「三帰さんの弁護人はどなたですか?」と尋ねてみた。「被告団とは別の国選弁護人やった。○○先生は、病気で伏せっていますよ」との返事。

吹田事件の裁判記録は、東京都八王子市の法政大学にある大原社会研究所に被告・弁護団が寄付した書証が残っている。が、そこを訪れてもそこには三帰省吾の法廷証言の記録はなかった。

三帰の関係者がいないかとずいぶん探した。

二月のある日、わたしはこの本の原稿の締め切りがとうに過ぎ、年休をとって昼間から自宅でこの原稿を書いていた。久しぶりに、吹田事件の判決文を手にとって読んでいたら、一番はじめのページから被告人の名前がずらりと書いてある。その一一一人のリストのこれまた一番はじめを見た。三帰省吾と書いてあった(その次が夫徳秀だが)。その三帰省吾の名前のところに本籍地と住所が書いてあった。

ふと、ダメでもともとと、その本籍地に親戚でもいるのではないかと、番号案内に電話してみた。するとあるではないか、三帰という珍しい苗字のお宅が、本籍地に。

はやる気持ちと、ひょっとして違うお宅かもしれないとの不安が交錯しながら、電話番号を押してみた。

「あの、三帰さんのお宅ですね、間違ったら申し訳ないんですが、吹田事件の関係の方でしょうか?」

すると、落ち着いた女性の声で「夫はいま不在ですが、ハイ確かに、事件のことは聞いています」と、待っていた答が帰ってきた。

本当にびっくりした。五年かかってあれこれルートを探し、探しても見つからなかった人が、簡単に電話番号案内で見つかるなんて。

その日の夜、指定された時間に、改めて電話した。受話器の向こうから、中年男性の低い声が返ってきた。

「はい、確かに。私の父の弟が、三帰省吾でございます。どうぞ、おいでください。大した資料も何も残っておりません。ただし、あしたの午前中はちょっとお勤めがあるのでお昼ごろならどうぞ」

願ってもない返事であった。とはいえ、それでも不安はあった。どこまで判るであろうかと。

わたしが突然訪ねても先方は不審がるであろうと思い、ない智恵を一生懸命にめぐらし、平野の自宅に電話することにした。

「平野さん、突然のことで申し訳ないのですが、あしたのお昼空いていています？　実は、三帰省吾さんの親戚の連絡先がわかったんです」

「そりゃ、よかったね。うん、日のある内に帰れるならいいよ」と、これまたうれしい返事をもらった。

翌日は水曜日だが、たまたま「建国記念の日」で勤め先がお休みというわけで、わたしは朝クルマで自宅を出て、吹田市内の平野の自宅に寄り、平野をピックアップし助手席に乗せ、三帰の親戚宅に向かった。

二月だというのに暖冬で、ぽかぽかと暖かい日差しが差しこみクルマの中は快適ではあった。が、さてさて、三帰省吾のことはどこまで判るであろうか、道中、法廷での三帰を知っている平野にあれこれ細かなことを教えてもらいながら、目的地に向かった。

吹田を出発して一時間余り、大阪湾に面した泉州の小さな集落に到着した。

途中、道路地図と地名を確認し、近所にきたはずなのにまだ判らず、携帯電話で道を聞きながら、向かった先は、乗用車一台がようやく入れる細い道の先にあった。漁師町独特のくねった細い道を曲がり、ハンドルを大きく切ると、突然、大きなお寺の本堂が見えた。

駐車場にクルマを停め、お寺の庫裡（くり）にゆっくり歩いていった。

「ごめんください」と呼ぶ。住職夫人に案内してもらい、庫裡に入った。「そうか、お勤めというのは、住職が檀家をまわることか」と今になって気づいた。午前中、お勤めから帰ったばかりの住職が僧侶姿で、庫裡の奥から姿を見せた。六〇歳代の前半という年齢に見受けられた。

「はい、住職の三帰義光（みき・ぎこう）と申します」と物腰低く、あいさつされた。

「立派なお寺さんですね」と見たままの感想をわたしが率直に述べると、

「五〇〇年続いた寺です」という。

住職の義光の説明によれば、本願寺八世の蓮如（れんにょ）聖人が、泉州を周り、その二年後にできたという。浄土真宗のお寺は、三〇〇年ほど前、江戸時代初期のものが多く、五〇〇年の歴史をもつ寺は珍しいということであった。

吹田事件の被告・三帰省吾はこの寺の次男として生まれた。長男が寺の住職を継ぎ、その息子が現在の住職の義光である。

「私の父の弟が三帰省吾です。叔父は八〇年に亡くなりました。もし叔父が長男であったら、寺を継ぐことになるから、外での活動もまた違い、人生も大きく替わったんでしょうけれども」

「どんな人だったんでしょうか？」

「地元の人は、豪傑と言っていましたよ。やさしくて、ちょっとまじめすぎる。その一方で反骨精神がある。そんな性格でしょうか」

「ところで、三帰という苗字は珍しいですね?」

「ブッポウソウという鳥をご存じですか。声と姿で鳥の種類が違うというの。その仏・法・僧を三宝といい、それに帰依するのが三帰です。明治の初めに祖先が改名したということで、この苗字は日本中に私の一族だけです」

「輝ける電産」の書記長

三帰省吾は、一九一七(大正六)年大阪府の南部・泉州生まれ。和歌山高等商業学校(現在の国立和歌山大学経済学部)を卒業後、陸軍に応召、国策会社・日本発送電近畿支店(以下、ニッパツ。九電力に地域分割されたのちの関西電力)に就職した。

三帰省吾は、ニッパツの労働組合・電産(でんさん)の書記長として活躍した。電産というのは、日本の産業構造の中でエネルギー産業という基幹性、労組員一五万人という規模、停電ストの戦闘性から、「輝ける電産」と呼ばれた労働組合のことである。戦後労働運動の牽引車と言われ、日本発送電と九つの配電会社、計一〇社の従業員による協議会が、産業別単一労働組合に発展し、いわゆる「産別会議」の中核労組である(のちに企業別組合として発生した第二組合が電力労連を結成する)。

また、のちに自ら法廷で認めたように、吹田事件当時、日本共産党大阪府委員会に秘密裡に設置された「軍事委員会」の有力メンバーであった。この時、三五歳。

「吹田事件のことは何か言ってらっしゃいましたか？」と、わたしが尋ねると、

「わたしの父親、つまり先代の住職の時代、この家で吹田事件はタブーでした」と答えが返ってきた。

ここで、平野一郎が助け船を出した。

「わたしは、事件当時、朝日新聞におりまして、三帰さんが転向声明を読み上げるときも法廷におりました。この記事です」といって、新聞のコピーを義光に差し出した。

「これが、三帰省吾被告が日本共産党員を辞めると宣言し、法廷で「私が山越え部隊の隊長として、軍事委員会の指揮のもと、行った」と証言したときの新聞記事です」と自己紹介を兼ねて住職に話しかけた。

しばらく、新聞記事に目を落としていた住職は、やおら目の前にいる真っ白の髪をした平野を不思議そうに見た。

「五〇年前の新聞記事を書いた、ご本人が目の前にいらっしゃるんですね」とややびっくりしたようすであった。

「はい、当時、兵隊から帰ってきて朝日新聞に入りしばらくの時期でした。吹田事件発生当夜も、中之島の新聞社でデスク業務を手伝い、「あっちに出たぞ」「こっちや」言うて大変でしたわ」とことの次第を説明した。

この説明で、住職も少し納得したのか、三帰省吾の思い出話を始めた。

「いつも人民服というんですか、中国の毛沢東がいつも着ているようなデザインの服を何着もあつらえて、それをとっかえひっかえ着ているんです。

筋肉質のがっちりした身体で、和歌山高商時代、陸上部にいてハンマー投げの記録をもっていたらしい

んです。その記録は、数年間も破られなかったというくらいのすごいものだったらしいんですよ」

具体的な話が出てきて、それまでやや緊張気味の場の雰囲気が少しなごんだ。

そこで律儀な平野が、改めて本題の吹田事件に話を戻すため、新聞記事の要点を住職に具体的に説明した。

「三帰さんは、法廷できちんと用意してきたメモに基づいて話し始めたんですね。ちょうど佐々木裁判長が黙禱事件で大もめにもめて、ようやく決着し、二ヵ月半後に再開されたころだから、五三年秋だと思うね」

平野がスクラップした新聞コピーには、五三年一〇月一八日というメモがある。

「それまで日本人側首魁として、いつも被告席の一番先頭に座っていた三帰さんが共産党との別離を宣言し、自分は他の被告と主張が違うからと、裁判の分離を要求したんですわ。三帰さんが一番言いたかったのは、責任はすべて自分にあるということでしたね」

平野の説明をかいつまんで紹介する。

「朝鮮戦争勃発直後ニッパツ近畿支店をレッドパージされ(五〇年七月二〇日)、日本共産党の泉州地区の責任者となり、川崎重工のレッドパージ組と工場に抗議に行ったりした。年末には日本共産党の大阪北地区委員長に就任したが、若いもんが私の言うことを聞かず、わずか四ヵ月で罷免されて後、党軍事委内部の科学機密部のメンバーとなった。翌年(五一年三月)には、東京都の多摩地区で党中央の軍事委員会に大阪府代表として参加し、警官から奪ったピストルを試射した。立川基地のアメリカ兵に接近したこともあったが、心臓が悪くてどうもできなかった」とまで、法廷で打ち明けた。

平野は、三帰の証言を続けた。いよいよクライマックス、事件当夜に言及した。

「吹田事件当夜、阪急豊中駅で朝鮮人側責任者Aクン(三帰省吾は関係者をすべてイニシャルで呼んだ)と会い、朝鮮人青年Bクンを紹介された。

午後一〇時すぎ、集会会場で壇上に上がった。

「西の方伊丹基地をながむれば朝鮮爆撃に連日アメリカ軍飛行機が飛びたつ。東の方吹田操車場には軍需品を満載された列車が発着している。我々はこれを粉砕せねばならない」

と、檄を飛ばした。

しかし、三帰は「最初から貨車をやっつける気持ちはなく、デモを行おうというハラであった」と説明した。この集会は単なる記念集会ではなく、吹田事件全体が単なるデモでもない。党の大阪府軍事委員会からの命令でこの大会が計画されたもので、軍事委員会は大阪府の軍事活動の全責任を負い、私(三帰省吾)もその一人であった」

こんな風に、三帰省吾が法廷で証言したことを、平野は三帰義光に説明した。これは、吹田事件の核心をつく証言ではないかと、横で聞いているわたしは思った。いよいよ、三帰省吾への関心が深まってきた。

一家離散

「そうですか。実は、叔父は吹田事件の裁判のあと、この寺を出まして、釜ヶ崎に住み、大阪港などで港湾労働者として働いていたんですよ。また、叔父の妻は事件後、離縁して実家に帰りました。それで、五人の子どもはそれぞれ親戚の家に預ける。いわば一家離散の運命をたどったんですわ」わたしは五人の運命を思った。

「五人のうち四人は女の子でそれぞれ嫁いで苗字も替わりましたが、一人だけ男の子がおりまして、現在、東京におります。この長男がわたしたち寺のものもよく知らない、晩年の三帰省吾をよく知っていると思います。これがその住所です」

こういって、長男の住所と電話番号を書いたメモをくれた。そして、

「もう一人、三帰省吾と深いつきあいをしていた労働者がいます。平井さんと言い、大阪の釜ヶ崎時代のことを知っているようです。こちらの連絡先はいまは判りませんので、追って西村さんに連絡します」と約束してくれた。

帰り際、わたしが無理にお願いをして、三帰省吾のお墓に案内してもらった。

寺から海へわずかに歩いたところ、およそ七〇基ばかりの墓があった。集落の中にあるせいか、ほとんどの墓に生花が供えられ、地元の人々の心にまだ祖先や浄土真宗が生きているのを感じた。

入口にすぐに「南無阿弥陀仏」とだけ彫った、御影石の墓があった。横に、三帰天海と建立した寄進者の名前が書いてあるので、かろうじて三帰省吾の墓だと判る。

「この天海というのが、一人息子ですわ」と、住職が説明してくれた。

わたしと平野が神妙な顔をして、手を合わせた。もう二〇年早く、吹田事件研究会をスタートしていたら、日本人首魁に会えたかも知れない、ちょっと慚愧の念が頭をかすめた。

ここで住職が興味深い話をした。

「実は、わたしは東本願寺の労働組合の初代執行委員長なんですわ。差別戒名や差別墓といったことは

ご存じでしょうなぁ。江戸時代どころかつい最近まで東本願寺が部落差別をしているということで、部落解放同盟から東本願寺に糾弾闘争が入りました。たまたまその時期、わたしが東本願寺で同和推進本部の事務部長をしておりました関係で、連日、被差別部落の方々とお会いしました。

ところが、同じ時期に枳殻亭事件というのが起こります。東本願寺の大谷門主が借金のカタに国の名勝・枳殻亭を抵当に入れますが、寺務所では大谷家と対立したんです。その中で、わたしの身分をめぐって、大谷家の方はわたしを解雇すると言い渡したのをきっかけに、わたしは仲間と労働組合を結成し、その初代委員長に選ばれたというわけですわ」

「へえ、それはそれは、たいへんでしたなぁ」と平野が同情を示した。

「しばらくして東本願寺からわたしは泉州のこの寺に帰ってきますが、ここでも、被差別部落の問題や在日朝鮮人の問題を、檀家の皆さんといっしょに考えようということで、例えば、在日朝鮮人の詩人の、金時鐘さんをこの寺に呼んだりしたことがありました」

へえ、いよいよ、世間はせまいなぁと痛感した。

六　裏切り者の息子

三畳ドヤに三〇年

三帰省吾の一人息子に会いたいという気持ちは、募るばかりであった。と同時に、もう一人、生前の三帰省吾と親しかったという平井正治にも会いたいと思った。

泉州のお寺から、翌日、平井正治の連絡先を知らせてきた。住所だけで電話はない。

仕方がないので、当方の希望を手紙にしたため、平野が書いた三帰省吾の転向証言の新聞記事などをコピーして、知らされた住所に郵便で送った。翌日、手紙が着いてすぐに本人から電話がかかってきた。これは正直うれしかった。平井はなかなかうるさい人で、あまり他人とは会わないと聞いていたからだ。

「いつ会う?」

ちょっと迷ったが、今晩でどうでしょうかと応えた。

早速、その晩に釜ヶ崎で会うことになった。待ち合わせたのは、JR環状線新今宮駅の改札口。釜ヶ崎のシンボル、西成労働センターの真ん前である。わたしにとっては、『厳冬・釜ヶ崎』という一時間のドキュメンタリーを制作して以来、一〇年ぶりの釜ヶ崎である。

たまたま、わたしの知り合いの在日韓国人が釜ヶ崎に焼き肉屋を開業したから来いとの誘いを受けていたから、南海・南霞町駅近くの焼き肉屋に平井を誘った。

アメリカに「沖仲仕の哲学者」と呼ばれたエリック・ホッファーという、港湾労働者にしてのちにカリフォルニア大学バークレー校で政治学を講義した社会哲学者がいる。ハンナ・アーレントの友人で、『ホッファー自伝』は読んでいてワクワクする、実におもしろい本である。

わたしは平井正治の体験を聞いて、平井が日本のエリック・ホッファーだと思った。常に社会の最底辺に身を置き、働きながら図書館での読書と思索を続け、独自の哲学を築き上げたホッファーの体験も劇的だが、平井の体験も劣るものではない。

二七年一一月生まれと言うから、夫徳秀の二歳年上。大阪・天王寺区の教材屋の長男として生まれた。

海軍に志願、戦争中は京都・舞鶴の海軍工廠で水雷の火薬を詰める作業をする。日本の敗戦後、大阪に帰り、松下電器に就職（四五年）、その年に日本共産党に入党した。

「戦後、大阪で共産党員になったのは一〇番目やった」というのが、平井の自慢だ。

松下電器労働組合木工支部の青年部長書記長や本部理事（中央委員）などを務める。朝鮮戦争が始まった翌年（五一年）、反米ビラを運んでいて、逮捕された。取り調べの検事が母親を呼んだときのエピソードが興味深い。母親は検事に対し次のように言ったという。

「母親を呼んで泣き落としするというのは、なんという卑怯なことをするんや。この子はこの子の考えでやっとんのや。ショウ（平井の名前）、しっかりしいや」と言い残して、すっと帰った。検事は検事で「お前のおふくろや」と誉めてくれたという。

このビラ事件をきっかけに、松下電器を解雇された平井は、共産党の専従の活動家になるが、やがて、党の方針と会わないからと「反党分子」のレッテルを張られ除名処分をくう。平井は、釜ヶ崎に住まいを移し（六一年）、以来、港湾労働者の労働組合・全港湾労組の大阪港支部の役員や副委員長を務め、今では「釜ヶ崎の歩く辞書」となった名物労働者である。

「平井さん、三帰省吾さんはどういう人でした？」

「あのな、三帰さんは当時、河内長野の変電所勤めやったし、わたしは当時松下電器のラジオ工場に勤めていた。二人ともがっちりした体格で、どういうわけか気が合った。

たまに上二（上本町二丁目）の共産党大阪府委員会で会議があると、三帰さんは太いタイヤの自転車あるやろ、あの配達用のやつで、河内長野から来て、ほいで自転車で深夜、自転車に乗って帰っていくんや。

片道二時間。しかも帰りは上り坂や。ひょっとしたら、帰り着くのは明け方かもしれんかった。それほどの距離や。三帰省吾がいかに体力があったか、よう判るやろ」

ちなみに、現在でも南海高野線で難波駅から河内長野駅まで特急か急行で二八分かかる。直線で二五キロほどの距離であろうか。相当タフな人だと思った。とはいえ平井はわたしを警戒したのか、それとも焼酎が効き過ぎたのか、吹田事件の具体的なことはあまり話さなかった。

三帰省吾の通った、和歌山高商の後身、和歌山大学のOB会会長に連絡が取れた。

「三帰さんという、大正六(一七)年生まれの人のことを調べているんですが、ご存知でしょうか?」

「うん、私は大正一四年生まれで三帰さんの八歳年下だけれど、陸上でたいへんな記録をもっていたとは聞いたことがある。なんでもハンマー投げではなかったかと思うだが、ラグビーの選手とか筋肉質の相撲取りといった体格やったねぇ」

「ハンマー投げの記録はどれくらいのものだったんでしょうか?」

「陸連かどこかで調べたら判るかも知れん。ちょっと調べておくわ」

しばらくして、会長から電話をもらった。

「あれからあちこち調べたが、何せ戦前のことなので、どこを調べても記録そのものは残っていなかった。和歌山も空襲があったからね」

数年間破られなかったというハンマー投げの記録こそ確認できなかったが、筋肉質の三帰省吾というイメージが、わたしの頭の片隅に残った。

泉州の五〇〇年続く真宗の寺から紹介された、三帰省吾の長男宅に電話をかけてみた。

「もしもし、三帰さんのお宅ですか?」

「はい」

子どもの声であった。子どもと言っても幼児ではなく、高校生位といった年代である。

「もしもし、三帰天海さん、いらっしゃいますか?」

「父は午後八時ごろに帰ってきます」という返事であった。

その日の夕方、再び、電話をかけた。

「はい、私が三帰天海です」と、ちょっと落ち着いた声であったので、ほっとした。

当方が電話番号を知った経過を述べ、さらに、お目にかかりたいと用件を述べたところ、「ああ、いいですよ」と思いがけなく、いい答が返ってきた。わたしは、吹田事件の判決文をコピーして、三帰天海宅に郵送した。

翌日、さっそく十三に出かけた。三帰省吾の長男が存命であることを、報告に行ったのである。「それは会いたいね」と珍しく社長から声が上がった。

十三の意見を聞いて、上京する計画をまとめかけたが、ここでふと考えた。三帰省吾の息子に会いたいのは、大勢いる。十三の一平夫妻、わたし、そればかりではない。平野一郎など研究会のメンバーも同じ気持ちだ。結局、わたしは三帰天海に大阪に招待したい旨電話で話し、こうして、三帰天海の大阪訪問が決まった。天海は月曜日から金曜日までの仕事があり、日曜日は朝九時から別の仕事があるとのことで、土曜日の昼前、新大阪駅に着き、そのあと午後いっぱい十三で話し合うスケジュールがまとまった。

五二年ぶりの対面

二月最後の土曜日、新大阪駅に出迎えに行くと、黒い僧服を着て手に東急ハンズの紙袋をさげたどこから見ても僧籍のある中年男がエレカレーターで降りてきて、改札口にまっすぐに向かってきた。身長一七五センチほど、上背があり、がっちりした体格の中年男である。素足に、はきつぶした桐の下駄という出で立ちであった。

わたしは、顔を知らなかったが、この男しかいないと思い、声をかけた。

「三帰さんですか?」

すると、予想どおりの答えが返ってきた。

「はい。西村さんですよね」

珍しい名字でよかったと思い、ちょっと安堵した。

クルマに案内して十三に向かった。新幹線・新大阪駅から十三は近い。クルマでおよそ一〇分。二〇数年前、李芳一に案内され、初めて、十三の一平に行ったときを思い出した。同じルートだ。吹田事件研究会もいよいよ最終局面を迎えた。

十三駅近くの駐車場にクルマを停め、五叉路角から阪急十三駅西口に歩いた。これも李芳一とはじめて一平を訪ねたときと同じルートである。五叉路の銀行は、かつての三和銀行からUFJ銀行とバタ臭い名前に変わり、時代の変化を感じさせた。老舗の饅頭屋の角を曲がると、土曜日の午後だというのに、早くも赤ちょうちんに灯が入り、店々が開店準備を進めていたが、さすがに酔客はいない。

「ごめんください」

一平は店を営業していないので、のれんはガラス戸の中にしまってあったが、吹田事件研究会のメンバー来場のため、ガラス戸は開いていた。扉を横に引くと、中に夫徳秀夫妻の元気な笑い顔が見えた。

「夫さん、三帰さんです」と、僧侶姿の三帰天海と夫徳秀夫妻を引き合わせた。

「よくいらっしゃいました。疲れたでしょ。まぁ、二階に上がってよ」とマスター。

一平の二階は一〇人も入れば満員だが、二階の壁際真ん中に、この日の主賓、三帰天海。その真正面に、一平のマスター・夫徳秀と夫人の金春和、そして、平野一郎、森潤ら吹田事件研究会のメンバーが駆けつけた。もう一人釜ヶ崎から平井正治にも来てもらい、話を進めることにした。

「カンパーイ」

早速、気の早い夫徳秀が三帰天海来訪を祝って音頭をとり、ビールで乾杯した。

一平の社長、金春和が、わざわざ阪急茨木市駅まで足を運んで買ってきた特注の寿司をテーブルに並べ、まあせっかく東京から来たのだからと次々にビール瓶が机にならぶ和気あいあいの雰囲気で、会がスタートした。

「わたしはね、待兼山から国鉄吹田操車場に、あんたのお父さんの三帰省吾さんと二〇時間いっしょに歩いただけ。それだけで、二人とも人生が大きく変わった。

いっぺん会いたい。いっぺん会いたいと思い続けてきたが、お父さんは亡くなったんだと西村さんから聞かされた。そりゃ、残念やった。

けど、こうして五二年ぶりというか、一人息子の天海さんに会うのは初めてやけど、がっちりした体格を見てると、オヤジさんそっくりやね。何か不思議な縁やわ。

まぁ、ゆっくりしていって」

「はい、父は八〇年に死にました。今年の秋は、二五回忌を予定しています。オヤジが和歌山で陸上部にいた話は、たまに周りから聞きました。わたしはいまでは真宗の僧籍をとり、講道館の柔道六段です」

天海が見せた二の腕は、筋肉質で太い。がっちりした胸巾が印象的であった。

はじめに三帰天海が語った言葉は衝撃的であった。

「わたしたち家族はずっと「裏切り者」という負い目を背中に背負ってきました」

一平二階で開かれたこの会は、この「裏切り者」がキーワードとなった。参加者の心にひっかかりをつけたこの言葉は誰が誰に対して語ったのか、その構造を一人息子と話し合う会合になった。

「裁判は無罪やし」と夫徳秀がさりげなく話すと、

「え、裁判は無罪なんですか？　わたしたち家族は、オヤジはずっと刑務所に行ったとばかり聴かされてきました」

「刑務所と違うんや。裁判の初期は、拘置所や」

「わたしたち家族にとって、吹田事件というのはタブーなんですわ。刑期がいったいどれほどのものか、新聞記事見ても判らなかったし、本もない。

今度のことで、西村さんから判決文のコピーと、オヤジのこと書いた新聞のコピーを送ってもらいましたが、判決文は専門用語ばかりで、解説がないとわたしたち法律に詳しくない者にはさっぱりですわ」

「ほんなら、わたしが当時のことを話しましょうか」

こう言って、心優しい平野が「建国記念の日」に泉州で三帰省吾の甥っ子・三帰義光と会った経過を紹介しながら、五〇年前の転向声明の時代背景を説明し、会合は本論に入った。

三帰省吾の過ごした人生は、息子の三帰天海の人生に色濃く反映されていた。これから三帰天海の人生を紹介するが、息子の人生を通して、父・三帰省吾の悩みや喜びが伝わってくる。およそ四時間かけて判った、三帰省吾の生涯、そして一人息子・天海の生涯を、要約して紹介する。

吹田事件の数年後、保守的な泉州の地で、土地の周囲のものは、アカそれも共産党大阪の軍事委員会の活動家であった三帰の家族に、何かとつらくあたった。こうした世間の偏見の目に耐えきれなくなったのか、妻は子どもをお寺に置いたまま実家に帰り、離縁した。

天海は五人兄弟の四番目。たった一人の男の子として五〇年に生まれた。わたしの一年年上ということで、わたしにとって天海の暮らしてきた時代の背景を推測することは、他の登場人物より比較的容易ではあった。しかし、天海の人生経験はちょっと想像のできない、極めて特異なものであった。

母親が突然いなくなったのは、天海が五歳の時であった。ということは、まだ小学校に上がる前から、家庭に母親はいない、父親は出稼ぎでめったにいない。そんな生活が始まったことになる。

当時、天海を含め五人の子どもはまだ幼かった。

六歳、八歳、一〇歳の幼子が家を守り、父・三帰省吾は法廷に出ながら、家族を養うために出稼ぎに行き、一〇日に一度帰ってくる。そんな生活が数年間続いた。

そんな無理な生活は永く続くわけもなく、大人たちが話し合い、三帰家の子ども五人は、それぞれ親類のもとに預けられ、バラバラになった。子ども五人のうち、ただ一人の男の天海は、姉の嫁ぎ先に預けられた。とはいえ、姉は姉で嫁ぎ先に遠慮して、アカのオヤジの一人息子である天海を厳しくしつけた。

「オヤジみたい」と叱られるのが、何より応えたという。

オヤジと何の関係もないことでも「オヤジみたい」とさげすんで叱られた。他人を殴ったら、たとえ自分がどんなに被害を受けた末のできごとであっても、学校の教師も、自分が身を寄せている姉家族も、自分を擁護することは決してなかった。誰かが自分を守ってくれるなど、そんなことを天海は爪の先ほども考えたこともなかった。だから、学校では他人からどんな理由にせよ、自分から手を出さないのはもちろんのこと、殴られることすら許されない不条理な立場に置かれた。

「オヤジみたい」実家に遠慮して厳しくしつける姉の一言一言が幼い天海の心に深い傷をつけた。天海は一〇歳のとき柔道道場に通い始めた。柔道だけが身を守るすべであった。殴られそうなシチュエーションになると、相手から拳固が飛んでくる前に、態度だけで威圧する。柔道で身体を鍛え、しかもがっちりタイプの天海少年に正面から威圧されると、どんな番長もゴンタ（大阪弁で手に負えない乱暴者のこと）も天海少年に手を出すことは止めた。

眼光鋭い天海を目の前で見ていると、そうした話もまんざら誇張ではないと感じられた。

「出る杭は打たれる」だから、決して目立ってはならなかった。

天海少年が覚えた人生訓は、目立たないこと。これが小学校時代からの行動規範となった。

小学校高学年から中学一年生にかけ、成績がトップクラス。そうなると生徒会のクラス委員に選ばれるが、天海はそうなったらそうなったで、また、「オヤジみたい」と叱られるのは目に見えていた。だから、中学のクラスメイト一人一人に頭を下げて、「どうか、クラス委員の票を入れないでくれ。当選したら家を追い出されるから」と頼んでまわった。クラスメイトからの信頼の厚かった天海少年は、こうして誰からも一票も入らなかったおかげでクラス委員にならず、姉の家にいることができたという。自分に何の落ち度もないにもかかわらず、一人一人頭を下げてまわる中学生、いったい心の中に何を思っていたであろうか。

また、中学二年になると、今度はそんなことにならないように、中間試験や期末試験で、解答にわざと間違いを書いて提出、なんとか、トップでもなくビリでもないように、成績を調整する、ずるさを覚えたという。痛々しい青春であった。

そのくせ、非行少年にもなれなかった。法律を逸脱すれば、たちまち、降りかかってくる言葉は身にしみていたからだ、「オヤジみたい」と。

夫徳秀も、妻の金春和も、正面の天海を見据えたまま、じっと身じろぎ一つせず、話に耳を傾けていた。

沖仲仕

姉の嫁ぎ先から小学校や中学校に通う日々、オヤジは朝早くひょっこりと通学路の片隅で人目に付かないように待っていた。そっと息子に話しかけ、そして、別れ際に「他の姉妹には言うな」と言いながら、天海にだけこっそりと小遣いを手に握らせた。

やがて、天海は父親と大阪の新世界で待ち合わせることを覚えた。父・三帰省吾は、釜ヶ崎で沖仲仕として大阪港で働いていた。

大阪の日雇い労働者の街・釜ヶ崎の近く、通天閣の下、新世界の一画にジャンジャン横丁と呼ばれる飲食店街がある。釜ヶ崎の労働者がよく集まる。三帰省吾はここで息子と待ち合わせ、中学生の息子に「お前ももう大人だから」と、焼酎を飲ませた。どて焼きと言って、牛のすじ肉を味噌味でじっくり煮込んだ料理を肴に、中学生と父親の二人はゆっくりと焼酎のグラスを傾けた。姉の嫁ぎ先で抑圧されていた天海にとって、月に一度父親と会うことだけが心の安らぎであったという。

「お前は中学を出たら、土方しろ。土方になれば、世間の役に立つ仕事ができる」

とオヤジは言い聞かそうとしたが、

「自分は大学(和歌山高商)を出ているんやろ」と言って、息子は息子で父に反発した。

高校は普通高校へ行く学力は十分あったが、早く、暮らしが立つように、手に技をつける意味もあって、大阪府立堺工業高校へ通った。

高校でも柔道を続けた結果、大阪府下でベストエイトに残るほど、強い選手になった。ところがこれがまた、天海にとって、悩みの種であった。高校総体(インターハイ)の大阪予選がいよいよ開かれる時期になった。試合に出れば、三帰天海はいい成績が取れるであろうし、そうかと言って、無理やり負けるのもスポーツマンシップに反する。そうやって悩んでいる時期に、たまたま予選の日程と就職試験日が重なり、天海は柔道教師に就職試験を受けますからと正当な理由をつけて、インターハイの予選をパスした。

三帰省吾は釜ヶ崎に一〇年暮らした後、神戸の元町のアパートに住まいを移した。この時期は、息子の天海が堺の工業高校に通っている時期に当たるが、天海が自転車で通学するその通学路に朝方、ひょっこり立っていて、小遣いを手渡してただ黙って帰っていったという。

「当時は別に不思議に思わなかったけれど、朝五時の始発に乗って神戸のアパートを出ないと、午前七時半には堺の工業高校まで来られないですよね。今となってしみじみと親の愛情を感じますよね」と天海は静かにつぶやいた。

二〇歳のころ、三帰天海は自殺することばかり考えていたという。工業高校を卒業後、大阪・堺市内にある車輛工場に勤めた。天海は神戸・元町のオヤジのアパートをたまに訪ねた。三帰省吾は沖仲仕の仕事に専念し、全港湾など組合活動にはいっさい首を突っ込まなかった。

「オヤジはね、沖仲仕をしていた時代、酒はすこしやったようですけど、まじめな生活を送っていたみたいで、当時の金で一〇〇〇万円貯めたんですよ」

天海とわたしは年齢が一年しか変わらないから、生きてきた時代が個人的によく判るが天海が高校を卒業したのが六八年東京大学闘争が起き、続いて学生が大学構内を占拠する事件があちらこちらの大学で起きた。東大入試がなかったのは天海が高校を卒業した次の年のこと。

この時代の一〇〇〇万円といえば、個人住宅ならば、高級住宅地と呼ばれる地域に一〇〇坪くらいの土地を含め、豪華な一軒家が購入できる程の大金である。

その金を三帰省吾は、子ども五人の面倒を見てくれた、兄が住職を勤めるお寺に預けた。

入院

天海が二九歳のとき、転機が訪れた。三帰省吾が神戸・元町のアパートを引き払い、泉州の寺の裏手にある離れに戻ってきた。小学校時代、父親が釜ヶ崎に出稼ぎに行って以来、実に二〇年ぶりの同居である。

同居してから、天海はオヤジにいろいろ質問した。

「オヤジ、火炎ビンってどうやって作るんだ」と尋ねると、特別の作り方があるんだと言ったまま、具体的な製造方法はいっさい口にせず、煙に巻いた。

三帰省吾の小学校時代の同級生が、地元で針金工場を経営していたので、針金工場の工員として働き口を見つけ、こつこつ働いたという。

「オヤジは吹田事件の後、自分の人生を自分で停めた。息子から見ても、そんな風に見えました」

また、あるとき、こんな質問をしたという。

「オヤジ、何をしたいんや」

「皆がつぶれるのを待っているんや。今は、共産党を含め、政治家になりたい奴ばかりが政治家になる。そんなことではだめだ。すべてぶっこわせ。すべて一度フラットにならないと、世の中は作り直せない」

日常的な政治活動はいっさいしなかったが、心の中には相当にラディカルな考え方を持ち続けていたようであった。

そんな父子にある衝撃が走った。

ある日、息子が何気なく、「オヤジ、いったい何をやったんや?」と尋ねた。

そのとき、三帰省吾ははっきりと言葉にすることはせず、むやむやと言葉を口の中で反芻しながら、一生懸命飲み込んでいた。

異変が起きたのは、翌朝であった。三帰省吾が倒れた。洗面器一杯ほど喀血した。すぐに市内の救急病院に運ばれた。緊急入院である。脳溢血であった。幸い、脳溢血は軽症で済んだ。喀血したからよかったと医者に言われたという。しかし、悪いことは重なって訪れる。循環器系の病がヤマを越し、しばらく平静になったところで、念のため全身を健康診断したら今度は消化器系に異常が見つかった。さらに詳しく検査をし、医者は息子だけを診察室に呼んだ。

「いいですか、気をしっかり持って、聞いてくださいね。お父さんは胃ガンです。余命は一ヵ月程度だと考えてください」

息子は、姉妹と相談の結果、ガンの告知はしないと心に決めた。それからほとんど毎日毎晩、父親の病室につきっきりで看病した。

一ヵ月と言われた余命であったが、体力があるのか、精神力なのか、一二月に入院、翌年九月、岸和田のだんじりの季節を迎えた。

九月一三日、ちょっと容態がおかしいと気づいた天海が、大阪周辺にいる姉妹に、

「ちょっとあした辺り、危ない」と緊急連絡をした。

姉妹の多くは、クルマで泉州にある、父親の入院先を目ざしたが、あいにく、翌九月一四日は、岸和田だんじり祭りの初日。一年間待ちに待っただんじりが午前六時の合図をきっかけに街中を一斉に走り回るため、国道二六号線は一日中大渋滞で、結局、岸和田市内を縦断することがかなわず、親の死に目に間に合ったのは、四人の姉妹で誰もいなかったという。結局、息子が一人、父の死出の旅立ちを看取った。

僧籍

父の死後、息子・天海は何をしたらいいのか、判らなくなった。僧籍を取得することにしたのも、父親

の死がきっかけである。泉州のお寺の住職は先代が亡くなり、叔父の三帰義光に替わった。

差別墓や差別戒名などの問題をめぐって、部落解放同盟が東本願寺に厳しい差別糾弾闘争を繰り広げていた当時、義光は東本願寺の宗務所で同和推進本部の事務部長を担当し、部落解放同盟からの糾弾の矢面に立った。

「南無阿弥陀仏と念仏を唱えれば、誰もが同じだとする親鸞の教えは、部落差別をなくす教えではないのか」。義光はそう教団に問いかけた。

部落解放同盟からの糾弾を受けて、義光は東本願寺内部で差別解消のため改革に乗り出すが、こうした良心に基づく改革に、東西本願寺を併せると日本の人口の一割以上を占めるという日本最大の宗教法人は、また、保守的な一面を残していて、なかなか進まなかった。

三帰義光は、自らの職を賭けて、教団での内部改革に取り組んだ。

そうした折り、「東本願寺で労働組合を結成した三帰義光の叔父は、吹田事件の首魁であった」と大きな新聞記事がある新聞に載り、三帰義光は窮地に追い込まれた。

「三帰」という珍しい苗字がいろいろないたずらをしたことになる。義光もある意味で、三帰省吾の被害者であった。

そのように改革派の真宗住職である、三帰義光が、三帰天海をつぎのように諭した。

「お前はこれ以上落ちることはない。いまさら本山に行かなくとも、修行はもう充分すんでいる」こう言って、義光は天海の僧籍を認めた。

とはいえ、三帰天海の魂の放浪はまだ続く。

父親の死因が胃ガンであったことから、天海は食材に気をつけるようになった。添加物を含んだ食材やインスタント食品は一切口にしない。これまでのような食事を続けていたら、自分も消化器にガンができて死ぬのではないかとの強迫観念に捕らわれ、一時は、口にするものがいっさいなくなるほど、ノイローゼ状態に追い込まれたという。

そうした体験を経て、天海は日本を脱出し、アメリカに渡る。アメリカでは仏教系の教団をあちこち歩き、ついにはマイノリティの女性と結婚した。

男の子二人が誕生したが、夫婦の間はうまくいかず、結局、離婚した。さらに天海はインドに何度も足を運び、そうした合間に覚えた玄米精進料理が天海の身を助けた。

今では、三帰天海は月曜日から金曜日まで、おしゃれな街として知られる、東京の代官山駅（東急電鉄東横線）の駅前で、僧侶姿で立ち有機農業の食材だけを使い玄米精進料理をベースにした手作りの高級弁当を販売して、何とか親子四人の生計をたてている。

日曜日には四谷で料理教室を開いている。こうした心の安寧を得られたのも、四〇歳半ばを過ぎてからのことだという。

「苦労したんやね」一平の女社長・金春和が天海を慰めるように言った。

「二一世紀の親鸞やね」

七　軍需列車の襲撃計画

戦車と艦載機

三帰天海の身の上話をじっと聴いていた、平井正治がそれまでの沈黙を破って、急に話し始めた。

「実は、わたしは吹田事件が起きる四日前に、三帰省吾さんといっしょに国鉄吹田操車場を下見したんですわ」

余りに突然のことであった。つい先日、釜ヶ崎で会ったときは、そのような具体的な話がいっさいなく、ちょっとがっかりした気分を覚えているだけに、わたしは余計にびっくりした。

「わたしは、当時、松下電器に勤め、枚方・守口など北河内一帯をベースにした、日本共産党の北河内地区で、軍事組織の中核自衛隊の隊長でした(枚方事件の脇田健一はその北河内地区の中核自衛隊員)。当時、三帰省吾さんは、河内長野にあった、ニッパツの変電所勤務だという話は先日、西村さんに話したからもう聞いてもらっているかと思いますが、とにかく、三帰さんとはよく気があいました。

吹田事件の四日前も、三帰さんはわたしにこう言ったの。

「警官隊が枚方大橋を渡ることのないように、くれぐれも頼みましたよ」って。

当時、淀川の北部(高槻や茨木)と、淀川の南部(枚方や守口)を結ぶ大きな橋は、大阪市内を除けば枚方大橋と長柄橋しかない。だから、枚方方面の警官隊は枚方大橋を使って渡さないようにとの指令が、軍事委員会の上の方から来たんです」

「それはいつごろのことですか？」平野が聞いた。

「メーデー事件のころかな。東京でデモ行進と軍事委員会の非合法活動がうまくドッキングしたのを受けて、大阪の方でもいよいよ、大きなことをせなあかんとなったんと違うかなあ。枚方にあった大阪大学工学部の細胞にいた長谷川慶太郎も小隊長で名前があがったよ。いよいよ、朝鮮動乱二周年の記念集会が間近に迫り、守口の在日朝鮮人の家で会議を開いた。

そのとき、ダイナマイトを一本だけサンプルだといって持ってきた。ところが、そのダイナマイトは崖くずれを起こす程度の爆破力の弱いものやったから、

「これではダメや。もっと発破用の性能のいいのがあるやろ」と言うたから、

「あんたは党の軍事方針に反対するのか」と言われ、その日をもって、わたしは中核自衛隊をクビですわ。

実際、爆破したダイナマイトはせいぜいペンキを焦がしただけやったでしょ。わたしの言ったことは正しかったんや。ダイナマイトというても、ほんの示威行動だけ、本気でやるなら、プレス機械に穴を開けるとか、別のやり方があったと思うわ。つまり本気でやる気はなかったちゅうわけです。

ところが、三帰さんはええ人でな。「四日前になって、吹田操車場に下見に行こう」って誘うんや。現在の千里丘駅と岸辺駅の間からかな。入りましたよ、操車場の中に。わしの知っている国労（国鉄労働者組合）のもんが働いていてな。貨車を点検したんや。

そしたら、あるがな、無蓋車（囲いのない貨物車）にアメリカ軍の戦車や翼を折りたたんだ艦載機がずらりとならんでいる。有蓋車にはナパーム弾もたくさん積んであった。

別れるとき、最後にもう一度警官隊が枚方大橋を渡らんようにしてくれと念押しされたわ」

「そうすると、枚方は五月から準備に入った。一方、金時鐘さんは朝鮮動乱二ヵ年の集会準備を半年前からしたと証言していたから、やはり大阪大学の待兼山で集会を開くというのが一番のメインで、その延長上に国鉄吹田操車場へのデモ行進。さらに、五月初めに入って東京のメーデー事件の後、枚方での行動が追加されたという順序になりますね」とわたしが推測を述べたが、誰からも異論反論はなかった。

軍需列車の襲撃計画

ここで夫徳秀が口をはさんだ。

「わたしが吹田操車場に入ったとき、貨車にはそんな特別な荷物はなかったよ。わたしら軍需列車を停めるために一晩行動したんやからね。そうでしょ。貨車一つ一つチェックしましたよ。でも、どれも特別なことはない、普通の貨物列車」

「だから、国鉄が朝鮮動乱二ヵ年の行動を警戒したんでしょ」

三帰省吾が法廷で暴露した軍需列車の阻止計画を、改めて平野が紹介した。

「三帰さんは法廷でこう言ったの。「高槻北方で、七一七一軍事列車を襲撃する計画もあった」とね」

つまり、吹田操車場のもっと京都寄り、高槻で軍需列車の襲撃計画があったという。

三帰は、ほかの襲撃計画を明らかにした。

(一)大阪南部の放出(はなてん)駅から関西線・竜華(りゅうげ)操車場に侵入し、国鉄職員と組んで貨車を襲撃する計画を立てたこと。

(二)神戸港からアメリカ軍の品物を積んだ小型船が、淀川の支流の神崎川から国鉄・宮原操車場に入るのを、神崎川の鉄橋の上から襲撃する計画を立てた。
「こうした計画はいずれも不成功に終わった」と証言した。
七一七一軍需列車については、例の大阪地検の報告書でも、事前に押収された宣伝ビラの記載がある。
六月二三日、大阪の大正区方面の工場一帯にまかれたもので、「全大阪の青年学生諸君に訴える」というタイトル。発行者は国鉄宮原操車場愛国青年行動隊という。
ビラを紹介する。
「軍需品は毎日毎日朝鮮へ朝鮮へ送られている。やつらの軍需品を毎日この目でみせつけられ、やつらの軍需品を毎日この足で搬ばされているのだ。
諸君！！この列車にはナパーム、バズーカから細菌兵器にいたるまで、中には何が入っているかはわからない。とにかく毎日神戸港へ送らさせているアメ公の軍需品だ。
俺らは黙っているべきでないと考えた。それで時刻表まで書いて諸君にアッピールする。
七一七一列車
　一九：〇〇　米原着
　一九：四〇　米原発
　二一：〇五　膳所(ぜぜ)着
　二一：五三　膳所発
　二三：〇三　吹田操車場着

三：四〇　吹田操車場発
四：四〇　東灘（ひがしなだ）着
五：〇〇　神戸港駅着
だまって搬ばされて良いものだろうか。どうか考えてくれ。
兄弟諸君！断固としてやろう！
六月二四日午後八時阪大北校グラウンド伊丹待兼山キャンプファイヤーへ！」
ここで、興味深いのは、目標列車の時刻を、国鉄内部の労働組合員が割り出し、世間にアピールしていることである。

天王山トンネル襲撃計画

高槻北方での軍需列車輸送阻止計画について、調査を進めた。

かつて谷山一雄という高槻市議会議員がいた。二期八年務めた後、八二年病死したが、その谷山はかつて、非公然活動の共産党で、日本共産党大阪府委員会の幹部として活躍した経歴がある。彼の死後、追悼集がまとまったが、その中に興味深いインタビューがある。谷山の市会議員選挙で事務長を務め、親しかった宇津木秀甫が、生前、谷山へのインタビューを本にまとめた（『動ぜざること山のごとし・追悼　谷山一雄』宇津木文化研究所、一九八四）。

以下、宇津木の本から引用する。

「吹田事件。この闘争で、谷山たちは、アメリカ軍宿舎をとりまく山林に身をひそめていた。ガソリン鑵を持って。谷山たちリーダーの指令がとぶと、ガソリンはアメリカ軍宿舎にぶっかけられることになっていた。原始的な火矢が準備されていて、それがガソリンに火をつけるという計画だった」

「更に、まだ別働隊がいた。それはPらの山村労働組合のメンバーによって構成されていた。事前に谷山たちが得ている情報では、Pたちが大山崎の天王山の麓の草むらに待機していると、東海道線をアメリカ軍の軍事列車がやってくるということだった。闇の中で線路にとびだして列車に放火する計画だった。そのためにPたちはガソリン、火矢、ピストルを持っていた(ピストルの発射練習は事前に山の中で行った)」

という計画があったという。では、なぜ実行されなかったのであろうか?

「しかし、知らされた時刻にアメリカ軍の軍事列車は通過しなかった。この反戦闘争デーに対応して列車はこの日は編成されなかった。警察は住民自警団を組織していて、Pらは自警団パトロールに発見され、天王山に逃げ込んだ」という。

この文章を読んで、すぐに地図で現場を確かめた。国土地理院発行二万五〇〇〇分の一の地図「淀」を見ると、京都府大山崎町と大阪府島本町の府県境付近で、琵琶湖から流れ出た宇治川は、桂川、木津川と三本の河川が合流し、淀川と名前を変える。その合流地点付近では、わずか五〇〇メートルの巾に東海道線、新幹線、阪急・京都線(さらに名神高速道路がトンネルで抜ける)が通過している。この大山崎付近で、東海道線は大きなカーブを曲がるため、当然スピードを落とすことになるため、谷山たちはここでの軍需列車の輸送阻止計画を想定したことになる。

島本町での襲撃計画

もう一つ、発見したエピソードがある。

Xという男性がいる。彼は日本共産党に入党後、地区要員として、吹田事件当時、高槻隊に編入された。編成は八人。事前に高槻市内で会議がもたれ、島本町内の急峻な地点での軍需列車の輸送阻止計画を実行に移すことを全員で意思一致した。二回目の会議では、役割分担や武器の使用について具体的に討議したという。

(谷山の追悼文にも記載があったが)、メンバーの一人は、旧日本陸軍の南部式拳銃を高槻市内で松の木を的にして試射したという。しかし、この時の軍事行動は失敗した。

理由は、二つ。軍需列車が通過しなかったこと。輸送阻止の待ち伏せ現場の向かい側に懐中電灯が行きつ戻りつしたため、大事をとって作戦を中止したという。

さらに、興味深いのは、このあとのことである。

Xは相棒といっしょに吹田操車場へ先回りをしようとしたところ、阪急上牧駅付近で草むらから警察官が飛びだし、あっという間に二人とも捕った。西国街道(国道一七一号線)まで連行されると、そこには、ジープ三台、ウェポン車二台が停車しており、Xは高槻警察署に連行され、取調を受けた。Xは黙秘し、明け方には釈放された。

あとでXが聞いた話によると、現場付近で強盗事件が起き、警察は非常線を張っていた。その警戒線の真ん中で、軍需列車輸送阻止行動を起こそうとしたことに結果的になる。

Xはあのときの強盗事件が本当にあったのか。あるいは、警察の罠であったのか。今でも腑に落ちないという。

こうして二つの軍需列車襲撃計画を並べると、これは明らかに同じ作戦を二つのグループが担当し、それぞれ別のメンバーが語ったものではないだろうか。一方は天王山に逃げ、もう片方は一晩だけだが拘束されたという違いはある。

ところで谷山が実行する予定であったアメリカ軍宿舎襲撃計画というのは、大阪大学豊中キャンパスのキャップであった秦政明が強硬に反対して、実施を取りやめた計画ではないのか。

従って、大阪南部の竜華（りゅうげ）貨物駅襲撃計画と同様、谷山たちが計画したものと実際の行動の間には、相当に距離があったと考えるのが常識というものであろう。

秦政明の態度といい、上田等の証言といい、詳細にチェックしてみると、計画だけは誰しも大風呂敷を敷きがちだが、その片方で、当時の学生組織、労働者組織、さらには軍事組織と称するグループ、どれをとっても事後の警察からの弾圧を予想して、現実に実施したものは事前の計画に比べ、何分の一というスケールに縮小したか中止したものが多かった。

結局のところ、アメリカ軍の軍需品を満載した軍需列車を襲撃しようと計画を立てたものの、いざ現実に襲うとなると、実際には当時の共産党の軍事組織では力量がなかったと断定せざるを得ない。

八　本当は何を目ざしたのか

平野一郎の疑問

三帰天海を囲んでの席で、平野が興味深い疑問を投げかけた。

「軍需列車というのは、真夜中前に吹田操車場に着き、夜明け前の午前三時ごろに出発することは、国労組合員の調査によって、共産党の軍事組織も事前に知っていたわけでしょ。それなら、なぜ吹田事件のデモ隊は山越え部隊も人民電車部隊も、それに間に合うように吹田操車場へ行かなかったのかねえ。夫徳秀さんたちは、夜中にわざわざ仮眠をとって一時間ほど時間を潰しているのはなんでかな」と少し笑いながら質問した。

これだけなら訳知り顔の後講釈のそしりを免れないが、ここからが違う。同じ疑問を当時の検察官に平野はぶつけていた。

そのことを一平の二階で披露した。

「平野クン、だれがこのデモを計画したのだと思う？　本当にデモだけが目的だったんやろか？　疑問をもってるんや」と藤田太郎公判部長検事が尋ねたと、平野が証言した。

検事がこのように愚痴をこぼしたのは、公判が始まってすぐの時期であったという。

つまり、大阪地検の検事たちは、吹田事件で首魁として起訴されている、夫徳秀や三帰省吾が本当の計画立案者ではないと疑っていた。さらに、もっと別な計画があったと、疑っていた。

「ところで、天海さん。名前はどういう由来か、お父さんは何か言っていた？」

こう聞いたのは、森潤であった。

「父親が刑務所に入っているとき、先代の住職が面会に行き「母親が男の子を出産した」と伝えたら、メモ用紙をもらい、そこに「天海」と書いてあったと聞いています。その由来は特に聞いた覚えがないですね」

「そんなら、あんたが生まれたころ、三帰さんは刑務所におったんやろか」

「でも、五〇年のことでしょ。ちょうどレッドパージが始まったころのことですね。でも会社をクビになっても、刑務所に入れられることはないしね」

刑務所なのか拘置所なのか、それも判らない。残念ながら三帰省吾の身上関係の書類を入手できていないため、どういうわけで拘留されていたのかまるで判らなかったが、ともかく三帰天海が生まれたとき、父・三帰省吾は警察かあるいは司法当局の拘束を受けていたらしい。

「そりゃ、徳川家康のときの天海僧正から取ったと思うね。日光東照宮などみんな天海のやったことだ」

こう主張したのは森潤であった。森は以前、宗教記者クラブに所属したこともあり、宗教の素養がある。

「でも、天海僧正は天台宗ですからね」とわたしがちゃちゃを入れると、

「在日朝鮮人の革命家、金天海（キム・チョンヘ）から取ったんだと思うね。金天海は獄中一八年組の日本共産党中央委員ですよ。当時の輝ける非転向組の一人から名前をもらったと考えるのは、案外おかしなことではないと思うよ」と、平野一郎が別の意見を出した。

「本人がいないから何とも言えんが、両方のいいとこ取りしたという考え方もできるかも知れんしね」

と夫徳秀が両方の顔を立てて、自分の意見をまとめていった。

「女の子ばかり三人生まれた後の男の子誕生でしょ。父は本当に喜んで、特製の乳母車を作らせ、毎日毎日わたしを引いていたと聞いています」

「よほどうれしかったんでしょうね。でもいい名前ですよね。第一に「テンカイ」という発音が判りやすい。英語で書くと「スカイ・アンド・シー」。弘法大師・空海が四国・室戸岬の洞穴で空と海を見て修行したとの伝説を思い出しますね」とわたしも脳天気な感想を述べた。

転向＝裏切り者

なぜ三帰省吾が転向したのだろうかと、森潤が疑問を出した。

森潤の証言によれば、三帰省吾が転向声明を発表することを当時の大阪読売の司法担当・S記者だけが知っていた（つまり、朝日新聞の平野や毎日新聞の記者は知らなかった）。

「当時、大阪地検には三人の公判検事がいた。藤田太郎さんが公判部長、そして斎藤と寺西という二人の検事がいた。そのうちの寺西検事は人間的にもふところが深かった。

この寺西検事が三帰省吾の担当だった。わたしは寺西が三帰省吾を「落とした」という表現を使うと語弊があるけれど、三帰省吾を説得したんだと思う。本当に民衆のための闘争であったのかと糺したと思う。読売のS記者は寺西検事に食い込んでいたから、転向声明を出すことを事前に検事から教えられ、司法記者クラブでただ一人知っていたと思う」

「いや、そうじゃないんや」

こう言ったのは、意外にも非転向を貫いてきた、朝鮮人側首魁の夫徳秀であった。

「被告団団長の植松さんが私に拘置所の廊下でこう言っとった。「三帰さんは党の路線が間違っていたと批判しただけで、党員の名前は誰一人自供していない」とねぇ」

ここで平井が口をはさんだ。

「三帰さんは、吹田事件の責任を一身に背負ったんや。

戦車や戦闘機をもっているアメリカ軍が軍事占領している日本で、火炎ビンかせいぜいピストル程度の武装で、革命を起こし労働者の政権がとれるかどうか。実際に中国で砲兵として動き軍事のこともよく判っている三帰さんは、よく判っていたと思う。わたしも中核自衛隊の大隊長をクビになったが、軍事はお粗末やった。軍事なんて言えない程度の代物であった。そして、吹田事件、枚方事件を計画し実行してみて、三帰さんはこれではダメだと思ったに違いない。だからこそ、自分が一切の責任を背負う形で、検事に転向声明を出した。

あの軍事路線が間違っていたことは、その後、共産党も六全協で追認するが、三帰省吾さんはそれより二年ほど早く気づいたんだ。党の間違いを自分が一切合切引き受けることで、党の名誉を守ったんや。そういう意味では、党に殉じたことになる」

「そうや、三帰さんは裏切り者でもなんでもないんや。自らの人生を賭けて、党を諌めたんや」夫徳秀が納得して、ゆっくりうなずいた。

中国への逃亡

最後に、平野が泉州のお寺で現在の住職、三帰義光から聞いた興味深いエピソードを披露した。

「亡くなる直前、省吾さんは「吹田事件の主要メンバーが警察に検挙されないように、中国に逃がした」と、こんなことを話した」という。三帰省吾は毛沢東ら中国共産党の思想に感化されたのか、それとももっと別のルートからか判らないが、中国のことが大好きであった。すると、横にいた天海がこんな記憶を思い出した。

「オヤジには、いつも「オヤジ」と称する人がいました。「それは誰」って聞いても、固有名詞はいっさい口にしませんでした。だから、こちらで適当にあてずっぽで名前をあてて確かめたら、徳田球一の名前にだけは反応しました」

そこであわてて徳田球一について調べた。出身地の沖縄・名護市立中央図書館が中心となって、五五三ページにものぼる立派な『記念誌・徳田球一』(二〇〇〇)を発行している。その本に人民服に身を包んだ徳田球一の写真がポーズをとって写っていた。

とにかく中国への敬愛が徳田球一への敬慕につながったのか、それとも、逆に徳田球一への敬愛が中国への敬慕につながったのか、よく判らない。

いったいどうやって中国に逃げたのであろうか。

当時、中国人民艦隊という特別編成の漁船グループがあった。日本共産党のトップたちはいち早く中国に逃亡し、日本共産党の方針は「北京機関」と呼ばれたメンバーが北京で決めていた。党中央だけでなく、非公然のメンバーも中国に逃げた。

ここでわたしが出版物を手に、当時の日本共産党と中国共産党との関係を話した。

「興味深い経歴をもった人が北海道にいます。北海道の札幌中央警察署の白鳥警部が射殺された、いわゆる白鳥事件の関連で、党中央の指令で、中国に渡った人です。川口孝夫（よしお）といい、その体験を本にまとめています。

彼が書いた『流されて蜀の国へ』（私家版、一九九八）を読むと、六全協から半年後（五六年三月）、静岡県の焼津港から漁船で密出国しました。

北京郊外にあった、最初の人民大学分校は次のような様子であったといいます。

「ここに着いて先ず驚いたのは、人民服を来た日本人がたくさんおり、その中で私の知っている人が数多くいたことである。
一、抗日戦争で八路軍などに参加した。
二、満鉄などにいた戦前の左翼。
三、一九五〇年後に日共から送られた人々。などなど。
この学校は〈人民大学分校〉とはいうものの、実態は、ソ共、中共、日共の三者が協力して作った、日本革命のための幹部養成学校だったのである」と書いてます」

川口は一七年後の七三年、帰国し、現在は札幌で暮らしている。

北海道新聞の知り合いの記者に問い合わせを依頼したが、やはり答は返ってこなかった。結局、吹田事件の関係者が中国の人民大学分校にいたのかどうか、追跡はできなかった。

その晩、三帰天海と夫徳秀夫婦は神戸に宿をとり夜遅くまで語りあった。日曜の仕事に間に合わすため、わたしは早朝、三帰天海を新大阪駅まで送っていったがその車中で天海はしみじみとこうつぶやいた。

「吹田事件の解放ですね」

吹田事件とは何であったのか

徳秀に贈った。

吹田事件とは何であったのだろうか。こう問われて、金時鐘は次のような言葉を用意し、その言葉を夫
「いいじゃないか、そこには私の至純な歳月（とき）があったのだから」と。

ロシアの革命家・クロポトキンの日記からの引用である。金時鐘は吹田事件の後、雑誌『ヂンダレ』を発行し朝鮮総連の非民主的な運営を批判したことによって、逆に組織から徹底的な批判を受ける。組織は「意識の定形化」を強要し、個々人の創意工夫を認めない、そんな非人間的な組織はおかしいと、詩人・金時鐘は組織を批判したが、組織は受け入れなかった。北朝鮮が日本人拉致の犯行を認めた折り、金時鐘は組織と祖国を批判するが、そのルーツは実に一九五〇年代後半に遡るのである。そうした厳しい時期、金時鐘はクロポトキンの言葉を心の支えにして、かろうじて生命をつないでいった。

「ああいう過酷な批判の中、とても人間扱いしてもらえなかった年月を一〇年あまり経ますが、それでも耐えられたのは、このクロポトキンの言葉でありました」という。

「いいじゃないか、そこには私の至純な歳月（とき）があったのだから」

その歳月に吹田事件を準備した日々も含まれるのである。

しかし考えてみれば、すぐに判ることだ。あの時期が在日朝鮮人にとって、至純な歳月であったはずが

ない。

吹田事件の背後にいろいろな人生があったことが判った。朝鮮人側「首魁」として起訴され、やがて無罪判決を勝ち取った夫徳秀、彼の親友・李芳一、そして金時鐘。在日朝鮮人の三人の背景を探っていくと、そこには済州島四・三蜂起、阪神教育闘争があった。

日本人側「首魁」とされた三帰省吾は、いつも人民服を着て徳田球一を敬愛していた。三帰省吾の背景には中国革命があった。

そして何より、夫徳秀と三帰省吾の後ろに続いた数千人の民衆がいた。

冒頭に書いたように、山越え部隊は大きな太鼓を先頭にデモンストレーションを進めていたが、住民から警察への通報はなかった。民衆は暗黙のうちに、デモ行進を支持していたし、吹田事件の主任弁護人・山本治雄は吹田市長に当選した。

吹田事件の研究会へ、共同通信の元編集主幹、原寿雄に来てもらったことがある。

原は、菅生（すごう）事件の真犯人を追及したジャーナリストで、その菅生事件について話してもらった。

吹田事件と同じ五二年六月、大分県菅生村でダイナマイトによる交番爆破事件が起きた。実は警察官がダイナマイトをしかけ、共産党員の仕業に見せかけ無実の共産党員を逮捕した謀略事件であることを突き止め、ついには、公安警察官が潜んでいる東京・新宿のアパートに踏み込んで、この男に真相を自供させるスクープ記事を書いた。もちろん、爆破現場の写真などで物証も十二分に準備した上での追究であった（菅生事件追求の詳細は、原寿雄キャップのもと、現場を担当した共同通信・社会部記者の斎藤茂男の著書に詳しい。『夢追い人よ』築地書館、一九八九）。

この時代、メディアは権力の暴走をきちんとチェックしていた。その一方で、レッドパージは最初、マスコミ企業に勤めるジャーナリストを狙い撃ちした。就業者数に比較してもマスコミにおけるレッドパージ対象者は比率が際だって高い。

軍事路線を採用した結果、日本共産党は衆議院議員の数を大幅に減らした。軍事路線が国民の支持を得られなかったことは、六全協の総括ではっきりした。

在日朝鮮人も同様である。軍事路線を止め、組織を改め、在日朝鮮人の権利擁護を主張する組織に変わった。

吹田事件は、労働者や在日朝鮮人の組織が民主主義を採用するきっかけを作った。六〇年安保闘争は吹田事件の総括だと、デモ参加者の一人がわたしに語った。説得力があった。

裁判所は、吹田事件で刑事訴訟法を厳密に採用することによって、戦争への反対行動として表現の自由を全面的に認めた。裁判官は自らの良心にだけ従っていた。

確かに、吹田事件は至純な歳月だと言える側面をもっている。それでも、問い返したい、本当に吹田事件は至純な歳月であったのだろうか。朝鮮戦争でアメリカ軍の基地国家となった日本はそれを改めたのか。夫徳秀が吹田事件のことを語り始めた時期は、日本国内で日の丸・君が代が教育現場で「強制」されたり、日本国憲法の改訂問題が政治過程にのぼりつつある時期に当たる。

(アジア・太平洋戦争の)戦後に、(朝鮮戦争の)戦中に吹田・枚方事件が起き、そしていま新たな戦前の雰囲気が漂い始めた。

さらに、改めて問う、それなら現在は、至純な歳月なのだろうか。
日本は民主的な世の中になったのか。
日本国憲法に定められた基本的人権は守られているのだろうか。
良心の自由、表現の自由は守られているのだろうか。
積極的平和主義を定めた憲法は守られているだろうか。
金時鐘が夫徳秀に贈った言葉を、わたしはそっと心の中で反復した。
「いいじゃないか、そこには私の至純な歳月があったのだから」

あとがき

日本人で初めてアカデミー賞を受けたのは、一九五七年度助演女優賞を受けたナンシー梅木である。受賞作品『サヨナラ』(一九五七年)は日本国内で撮影が行われ、主演男優・マーロン・ブランドも、イタミ・エアベース(伊丹空港)でロケしたと記録に載っている。またこの映画のサウンドトラック盤のレコードジャケットは、アメリカ軍兵士の制服姿の主演男優・マーロン・ブランドと、ナンシー梅木演じる和服姿の日本人女性が寄り添う写真が使われている。どこかオリエンタリズムのにおいがすると、この写真を見て思った。イタミ・エアベースが日本政府に返還されたのは、映画公開の翌年(一九五八年)のことである。

「戦争ってなんだろう」と、この本の原稿を書きながら、あれこれ考えた。

想い出すのは、金学順(キム・ハクスン)さんのことだ。金学順さんは、日本政府がいわゆる朝鮮人従軍慰安婦への日本軍(=日本政府)関与を認めないことに腹を立て、それまで決して他人には言わなかった自分の過去を告白した韓国女性である。日本のメディアとして初めてのインタビューのため、わたしはソウル市内鐘路(ジョンロ)区内にある住まいを訪れた(一九九一年九月)。二畳一間の狭い空間で、テレビカメラを前に、金学順さんと正面から向き合い、学順さんの壮絶としか言いようのない人生に耳を傾けた。わたしの胸の中には「性奴隷を連れて歩く戦争って何だ」と強い疑問がわき起こったのを、つい昨日のように想い出す。

今回の取材で、例えば特別掃海隊で「戦死」した中谷坂太郎さんの兄・藤市さんの自室、あるいは、ペンキ職人平塚重治さん妹弟と面談したビル四階のリビングルームで、遺族の思いをじっくり聴く機会を与えていただいた。

千鳥ヶ淵の戦没者墓苑には「大東亜戦争時における戦没者一覧図」という大きな地図があり、日本人三一〇万人と刻んである。そして、ここには書いていないが、アジアの民衆二一〇〇万人が日本軍国主義の犠牲になったという。また、朝鮮戦争の死亡者数百万人。いずれもとてつもない数ではあるが、小さな部屋で直接家族や当事者に話を聴きながら、戦争の犠牲者は一人一人の総和なんだと、改めて判った。

戦争とは愛する人がいなくなることなのだ、狭い空間で戦争の犠牲者と対面した体験から痛感した。愛する家族が突然いなくなる理不尽さに胸をふさがれる思いであった。

吹田事件研究会の開催は、九・一一(二〇〇一年、アメリカへの同時自爆攻撃)、九・一七(二〇〇二年、日朝首脳会談で金正日総書記が日本人拉致を認めた)、アフガニスタン・イラク戦争、自衛隊のインド洋・イラク派兵、スペインの撤退、日本人人質、アメリカ軍兵士によるイラク人拷問の時期に当たる。

吹田事件研究会を始めるときは、まだそれほど差し迫ってはいなかった戦争の跫音が、わずか数年で毎日のようにイラクでのアメリカ軍兵士の死亡が新聞やテレビで伝えられるほど、戦争が隣までやってきたことに、改めて驚かされる。もっと早く出版する予定であったが、関係者へのインタビューがなかなか実現できず、この時期にまで出版時期が延びたが、ひとえにわたしの怠惰のせいである。出版が延びた間に、秦政明さんがガンで亡くなった(二〇〇三年三月)と報せを受けたときは、本当にびっくりした。また秦政明さんを紹介していただいた、F弁護士は体調思わしくないとの理由で弁護士事務所を閉じた。レールに身を横たえ、軍需列車の運行を阻止しようとした在日朝鮮人をはじめ、高井輝三さん(八五年)、李芳一さん(九五年)ら多くの関係者が鬼籍に入られた。真相究明は時間との競争でもある。今回の出版がきっかけになって、吹田枚方事件の真相究明が進展することを期待している。

今回の取材、出版に当たっては多くの方々の協力を得た。

夫徳秀夫婦、平野一郎さんら研究会メンバーをはじめ、この本に名前が登場した多くの方々はもちろんのこと、差し障りがあって名前を公にできない多くの方々に協力していただいた。お礼の言葉が出ない程、深く感謝しています。

基地国家・日本については東北大の南基正さんに仙台で、そして朝鮮分断について大沼久夫さんには上野で、ともに貴重な時間を割いていただき、多くのご教示をいただいた。曺智鉉さん、ジャーナリストの川瀬俊治さん、小嶋康生さん、中川健一さん、福島尚文さん、矢野建三さん、小山帥人さん、また、作家の真継伸彦さん、研究者の塚崎昌之さん、高二三さん、村上尚子さん、文貞愛さん、梁永厚さん、飛田雄一さん、太田千枝子さんはじめ、多くの方々からの協力を得てこの本が成立している。こうした方々からのご教示、ご指導がなければ、この原稿は成立しなかったと思う。深くお礼を申し上げます。また、岩波書店の川上隆志さんには、構成の段階からたいへんにお世話になった。改めて深く感謝を申し上げます。

最後に、テープ起こしなど面倒な仕事を支えてくれた家族に感謝を伝えたい。

さあこれで不慣れな原稿から解放される。これから十三へ行って、冷たいビールを一杯きゅっと……。

二〇〇四年五月

西村秀樹

吹田反戦闘争デモコース

① 集合地待兼山	⑧ いわゆる警備線
② 警察予備隊豊中送信所	⑨ 竹ノ鼻ガード
③ 瑞恩池(休憩地)	⑩ 吹田操車場入場
④ 阪急石橋駅	⑪ 吹田操車場
⑤ 阪急服部駅	⑫ 茨木市警ウェポン車
⑥ 合流地点	⑬ 国鉄吹田駅
⑦ 須佐之男命神社	(地名等は当時)

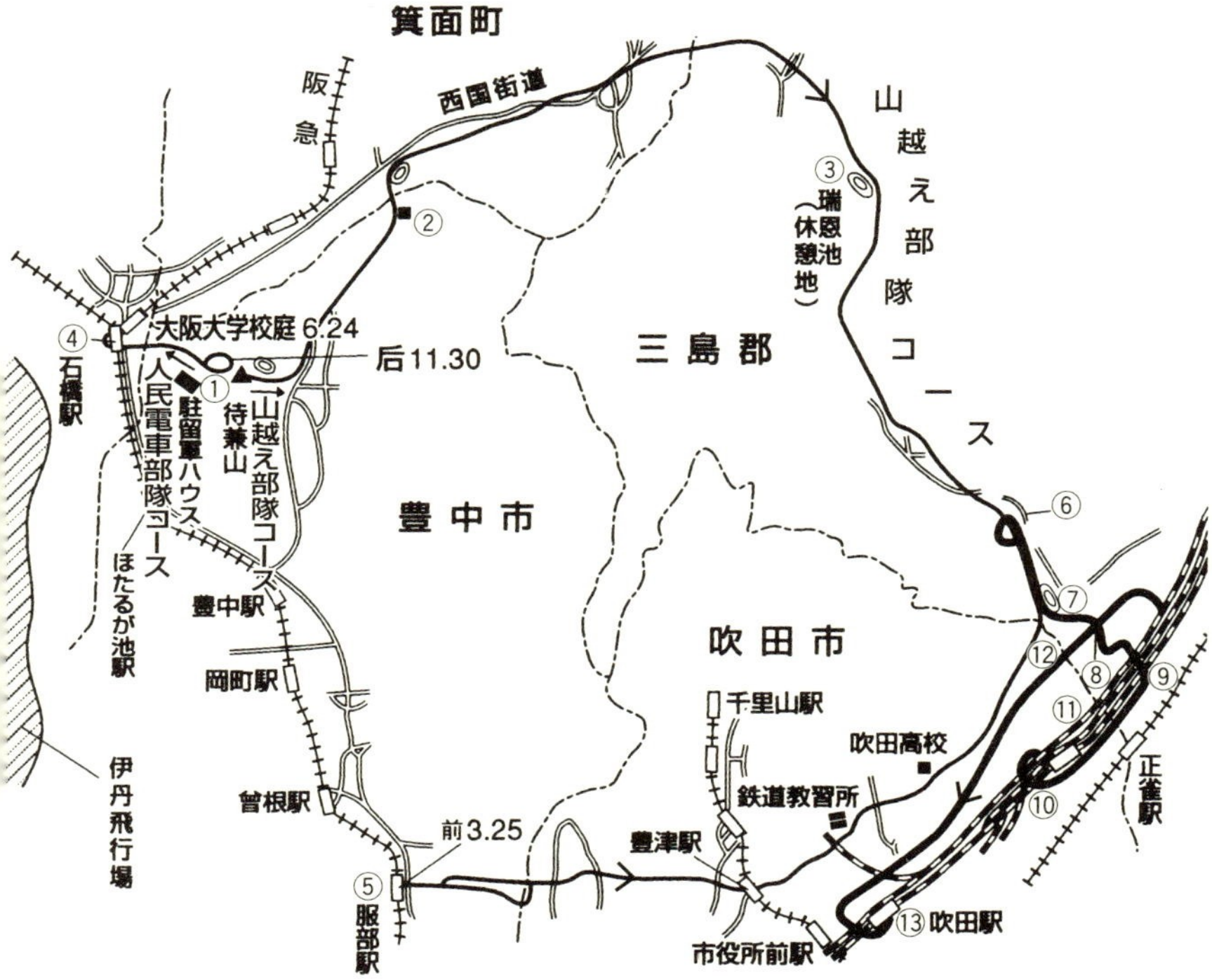

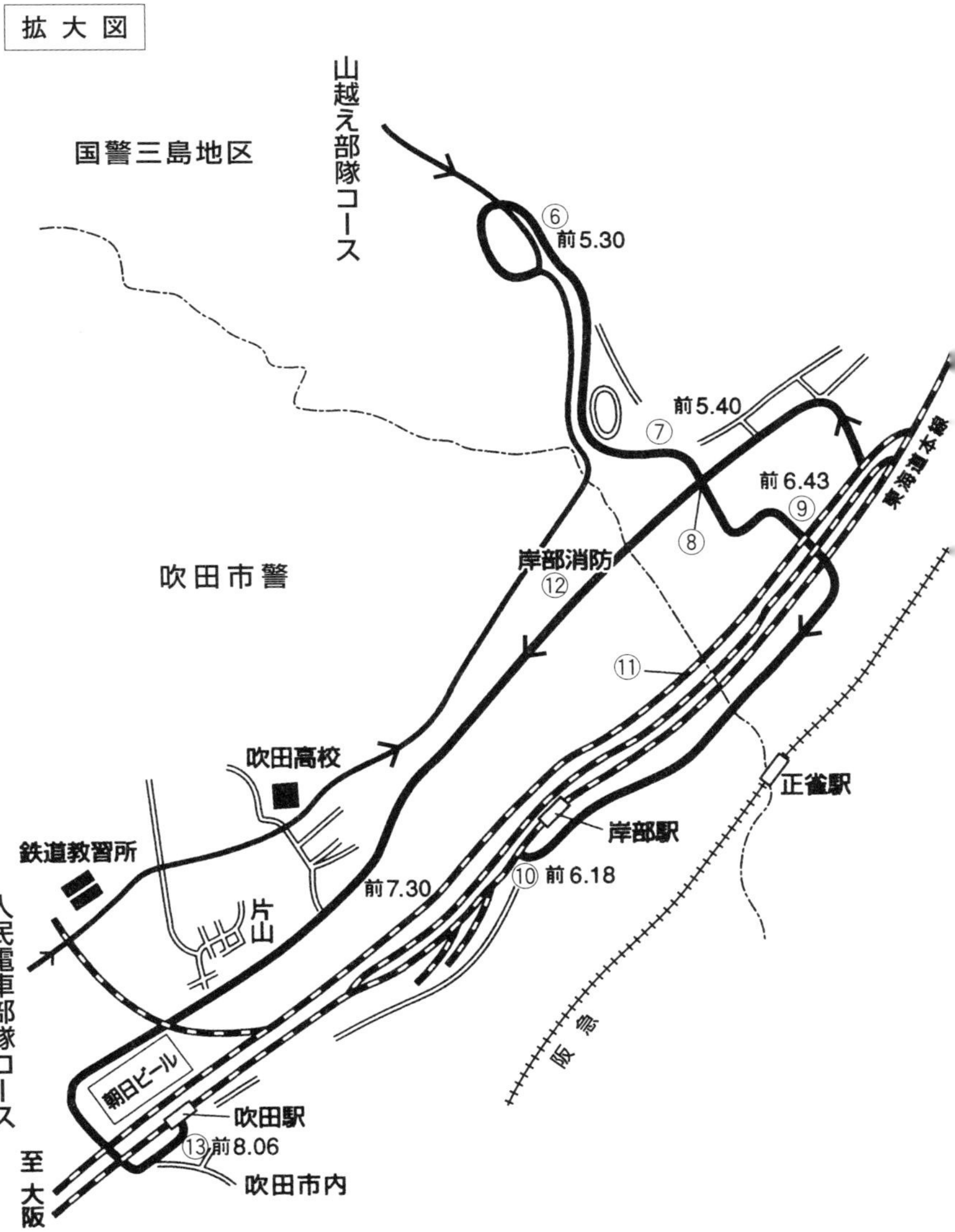
拡大図
国警三島地区
山越え部隊コース
⑥
前5.30
前5.40
⑦
⑧
前6.43
⑨
東海道本線
岸部消防
⑫
吹田市警
⑪
吹田高校
正雀駅
岸部駅
鉄道教習所
前7.30
⑩ 前6.18
片山
人民電車部隊コース
阪急
朝日ビール
吹田駅
⑬前8.06
至大阪
吹田市内

北朝鮮抑留　西村秀樹　岩波現代文庫　定価一〇五〇円

朝鮮戦争全史　和田春樹　A5判五四〇頁　定価六九三〇円

増補版
敗北を抱きしめて（全二冊）
―第二次大戦後の日本人―
ジョン・ダワー　三浦・高杉・田代訳　A5判平均四四四頁　定価各二七三〇円

拝啓マッカーサー元帥様
―占領下の日本人の手紙―
袖井林二郎　ジョン・ダワー解説　岩波現代文庫　定価一一五五円

風狂に生きる　三國連太郎　梁石日　四六判二七八頁　定価一六八〇円

岩波書店刊

定価は消費税5％込です
2004年6月現在

西村秀樹(にしむら　ひでき)
1951年，名古屋市生まれ．慶應義塾大学経済学部卒業，毎日放送入社．おもに報道局社会部，経済部で放送記者を務める．JNN報道特集「妻たちの7年・第十八富士山丸事件」「北朝鮮の軍と豆満江」，映像90「軛(くびき)の女・朝鮮人従軍慰安婦」などの番組を担当．北朝鮮には'82年の金日成主席生誕70周年行事の取材以来6回．済州島から豆満江まで朝鮮半島をほぼ南北に縦断して取材を敢行した．著書に『北朝鮮抑留――第十八富士山丸事件の真相――』(岩波現代文庫)がある．

大阪で闘った朝鮮戦争　　JASRAC　出0406188―401

2004年6月25日　第1刷発行

著　者　西村秀樹(にしむらひでき)

発行者　山口昭男

発行所　株式会社 岩波書店
〒101-8002 東京都千代田区一ツ橋2-5-5
電　話　案内 03-5210-4000
http://www.iwanami.co.jp/

印刷・三陽社　カバー・半七印刷　製本・松岳社

© Hideki Nishimura 2004
ISBN4-00-022378-X　　Printed in Japan

Ⓡ〈日本複写権センター委託出版物〉本書の無断複写は，著作権法上での例外を除き，禁じられています．本書からの複写は，日本複写権センター(03-3401-2382)の許諾を得て下さい．

参考文献

事件全般

吹田事件被告団編『十年裁判～吹田事件の真相』パンフレット，1962

吹田事件被告団編『吹田無罪判決』パンフレット，1963

八木茂『資料・1950―1955 公判闘争の経過報告』パンフレット

6・25 吹田事件被告団編『吹田事件・13 年裁判のたたかい』パンフレット，1965

石川元也著『吹田事件と大衆的裁判闘争』自由法曹団大阪支部，1979

在日本大韓民国民団大阪府地方本部編『民団大阪三〇年史』民団大阪，1980

吹田事件文集刊行委員会編『「吹田事件」と裁判闘争』吹田事件文集刊行委員会，1999

大阪府警察史編集委員会編『大阪府警察史』第 3 巻，大阪府警察，1973

吹田市史編纂専門委員会編『吹田市史』3 巻，吹田市，1988

枚方市史編纂専門委員会編『枚方市史』5 巻，枚方市，1984

豊中市史編纂専門委員会編『豊中市史』4 巻，豊中市，1963

伊丹市史編纂専門委員会編『伊丹市史』伊丹市，1968

大阪市史編纂専門委員会編『新修　大阪市史』8 巻，大阪市，1992

大阪市史編纂専門委員会編『昭和大阪市史　続編』大阪市，1964

朝鮮人強制連行真相調査団編『朝鮮人強制連行真相調査の記録　大阪編』柏書房，1993

検察研究特別資料第一三号『吹田・枚方事件について』法務研修所，1954

検察研究特別資料第一四号『大須騒擾事件について』法務研修所，1954

田中二郎ほか編『戦後政治裁判史録』第一法規，1980

宮操事件五十周年記念誌編集委員会『宮操事件裁判とその思い出』私家版，2002

年表・昭和史

岩波書店編集部編『近代日本総合年表』第四版，岩波書店，2001

石上英一ほか編『岩波・日本史辞典』岩波書店，1999

参考文献

伊藤亜人ほか監修『朝鮮を知る事典』増補改訂版，平凡社，2000
佐々木毅ほか編『戦後史大事典』三省堂，1991
平凡社編『CD-ROM 世界大百科事典』第二版，平凡社，1998
ジョン・ダワー『敗北を抱きしめて』上・下，岩波書店，2001
五百旗頭真『日本の近代 6「戦争・占領・講和」』中央公論社，2001
中村隆英『昭和史』I・II，東洋経済新報社，1993
小熊英二『「民主」と「愛国」』新曜社，2002
宮本顕治『五〇年問題の問題点から』新日本出版社，1988
不破哲三『日本共産党にたいする干渉と内通の記録：ソ連共産党秘密文書から』上・下，新日本出版社，1993
日本共産党『日本共産党の五〇年問題について』増補改訂版，新日本出版社，1994
日本共産党中央委員会編『日本共産党の七十年』上・下，新日本出版社，1994
日本共産党『日本共産党の八十年』日本共産党中央委員会出版局，2003
小山弘健『戦後日本共産党史』芳賀書店，1966
志賀義雄『日本共産党史覚え書』田畑書店，1978
和田春樹『歴史としての野坂参三』平凡社，1996
増山太助『戦後期左翼人士群像』つげ書房新社，2000

朝日新聞，毎日新聞，読売新聞，産業経済新聞，日本経済新聞，東京新聞(中日新聞)，神戸新聞，西日本新聞，北海道新聞，大分合同新聞，同志社学生新聞

序章

丁永才『米軍占領下の在日朝鮮人運動』東アジアの平和と人権シンポ，2002

第1章

平野一郎『恥かき べそかき 頭かき 鉛筆書いて 日が暮れて』私家版，1994
朝日新聞大阪本社社会部編『中之島三丁目三番地——大阪社会部戦後二十年史』朝日新聞大阪本社社会部，1966
在日本大韓民国民団大阪府地方本部編『民団大阪三〇年史』民団大阪，

1980
半沢英一「秦政明さんとその古代史学」季刊『古代史の海』32 号，2003
松山猛『少年 M のイムジン河』木楽舎，2002
なぎら健壱『日本フォーク私的大全』ちくま文庫，1999
共同通信社会部編『沈黙のファイル』共同通信社，1996
魚住昭『渡邊恒雄・メディアと権力』講談社，2000
真継伸彦『青空』毎日新聞社，1983

第 2 章

小松製作所『小松製作所五十年の歩み』小松製作所，1971
脇田憲一『飛礫 18「朝鮮戦争下の吹田・枚方事件」』つぶて書房，1988
脇田憲一『飛礫 37「朝鮮戦争下の反戦闘争」』つぶて書房，2003

第 3 章

佐々木哲蔵『一裁判官の回想』技術と人間社，1993
朝日新聞編『朝日人物事典』朝日新聞社，1990
石川元也『ともに世界を頒かつ』日本評論社，2001
石川元也『弁護活動と裁判官「刑事・少年司法の再生」』現代人文社，2000
井出孫六『秩父困民党』講談社現代新書，1979

第 4 章

松本清張『黒地の絵』光文社，1958
東京 12 チャンネル報道部編『証言　私の昭和史』学芸書林，1969
埴原和郎『骨を読む』中公新書，1965
神谷不二『朝鮮戦争』中公新書，1966
和田春樹『朝鮮戦争全史』岩波書店，2002
ブルース・カミングス『朝鮮戦争の起源』1・2，シアレヒム社，1989-91
ブルース・カミングス『現代朝鮮の歴史』明石書店，2003
デイヴィッド・ハルバースタム『ザ・フィフティーズ』1・2・3，新潮文庫，2002
饗庭孝典『朝鮮戦争』日本放送出版協会，1990

参考文献

竹前英治『占領戦後史』岩波同時代ライブラリー，1992
五百旗頭真『米国の日本占領政策：戦後日本の設計図』上・下，中央公論社，1985
児島襄『朝鮮戦争』I・II・III，文春文庫，1984
A・V・トルクノフ『朝鮮戦争の謎と真実』草思社，2001
大沼久夫『朝鮮分断の歴史：1945 年—1950 年』新幹社，1993
張君三・西尾昭『朝鮮戦争の起源についての一考察』同志社法学 52 巻 5 号，2001
張君三『南北分断の真相』海風社，1991
萩原遼『朝鮮戦争——金日成とマッカーサーの陰謀』文藝春秋，1993
萩原遼『「朝鮮戦争」取材ノート』かもがわ出版，1995
NHK 放送文化研究所編『20 世紀放送史』日本放送出版協会，2001
小此木政夫監修『在日朝鮮人はなぜ帰国したのか』現代人文社，2004
山本明『現代ジャーナリスト論』雄渾社，1967
平田哲男『レッドパージの史的究明』新日本出版社，2002
日高一郎『日本の放送のあゆみ』人間の科学社，1991
民放労連編『民放労働運動の歴史』I〜VI，民放労連，1988
フランク・コワルスキー『日本再軍備』サイマル出版会，1969
永野節雄『自衛隊はどのようにして生まれたか』学研，2003
信夫清三郎『戦後日本政治史』IV，勁草書房，1967
大沼久夫「朝鮮戦争における日本人の参戦問題」季刊『戦争責任研究』31 号，2001
編纂委員会事務局『海上保安庁 50 年史』海上保安庁，1998
大久保武雄『海鳴りの日々〜かくされた戦後史の断層』海洋問題研究会，1978
中谷藤市『掃海艇と運命を共に』私家版，1995
能勢省吾『朝鮮戦争に出動した日本特別掃海隊』私家版，1986
運輸省航海訓練所監修『練習帆船　日本丸・海王丸 50 年史』成山堂，1980
特別調達庁『占領軍調達史』特別調達庁，1956
信太正道『最後の特攻隊員』高文研，1998
赤十字共同プロジェクト『日本赤十字の素顔』あけび書房，2003
女たちの現在を問う会『朝鮮戦争　逆コースのなかの女たち』インパクト出版会，1986

日赤福岡支部『赤十字福岡九十年史』日本赤十字社福岡県支部，1980
日赤佐賀支部『百年のあゆみ』日本赤十字社佐賀県支部，1991
日本テレビ『ドキュメント 99 従軍看護婦』1999
全日本赤十字労働組合『三矢作戦下の日赤』私家版，1965
北健一「敗戦後に舞い込んだ赤紙」『週刊金曜日』423 号，2002
鈴木スム子『「看護婦応召タノム」朝鮮戦争・逆コースのなかの女たち』インパクト出版会，1986
五島勉『黒い春：米軍・パンパン・女たちの戦後』倒語社，1985
藤目ゆき編『国連軍の犯罪　民衆・女性から見た朝鮮戦争』不二出版，2000
藤目ゆき「照らし出される戦後史の闇」『世界』2000 年 6 月号，岩波書店，2000
藤目ゆき『コリア国際戦犯法廷のためのリポート「朝鮮戦争と日本」』コリア国際戦犯法廷，2001
山崎静雄『史実で語る朝鮮戦争協力の全容』本の泉社，1998
山崎静雄「自治体と民間の朝鮮戦争動員」季刊『戦争責任研究』第 31 号，日本の戦争責任資料センター，1998
藤島宇内編『現代朝鮮論』勁草書房，1966
佐賀忠男『別府と占領軍』編集委員会，1981
古川万太郎『中国残留日本兵の記録』岩波同時代ライブラリー，1994
中村祐悦『白団・台湾軍をつくった日本軍将校たち』芙蓉書房出版，1995
南基正『朝鮮戦争と日本』東京大学大学院，2000
ロバート・マーフィー『軍人のなかの外交官』鹿島研究所出版部，1964
中村隆英編『日本経済史 7「計画化」と「民主化」』岩波書店，1989
経済企画庁『戦後経済史』東洋書林，1992
國場組社史編纂委員会編『國場組社史』國場組，1984
日本国有鉄道総裁室外務部編『鉄道終戦処理史』大正出版，1981

第 5 章

4・24 を記録する会編『4・24 阪神教育闘争　民族教育を守った人々の記録』ブレーンセンター，1988
金慶海『在日朝鮮人　民族教育の原点』田畑書店，1979
金慶海編『在日朝鮮人民族教育擁護闘争資料集』I，明石書店，1988

内山一雄・趙博編『在日朝鮮人民族教育擁護闘争資料集』II，明石書店，1989
ほるもん文化編集委員会編「在日朝鮮人・民族教育の行方」『ほるもん文化』5，新幹社，1995
4・24 阪神教育闘争 50 周年記念事業実行委員会編『真の共生社会は，民族教育の保障から！』KCC 会館，1998
民族教育ネットワーク編『民族教育と共生社会』東方出版，1999
金徳龍『朝鮮学校の戦後史 1945―1972』社会評論社，2002
辛淑玉『鬼哭啾啾』解放出版社，2003
呉善花『海の彼方の国へ・日本をめざす韓国・済州島の女たち』PHP 研究所，2002
金賛汀『異邦人は君ヶ代丸に乗って』岩波新書，1985
姜在彦「民戦時代の私」『体験で語る解放後の在日朝鮮人運動』神戸学生青年センター出版部，1989
姜在彦『「在日」からの視座』新幹社，1996
姜在彦・竹中恵美子『歳月は流水の如く』青丘文化社，2003
小林知子「戦後における在日朝鮮人と「祖国」」『朝鮮史研究会論文集』緑蔭書房，1996
梁永厚『戦後・大阪の朝鮮人運動』未来社，1994
金賛汀『在日コリアン百年史』三五館，1997

第 6 章

大阪市行政局編『吹田事件の真相』大阪市，1954
上田等『大阪の一隅に生きて七十年』創生社，2002
阪急電鉄労働組合編『阪急電鉄労働組合三十年史』労働旬報社，1976
金時鐘『「在日」のはざまで』立風書房，1986
梁石日『夜を賭けて』日本放送出版協会，1994
開高健『日本三文オペラ』，新潮社，1992
小松左京『日本アパッチ族』光文社，1964
金時鐘・金石範『なぜ書きつづけてきたか　なぜ沈黙してきたか』平凡社，2001
金石範『火山島』1～7，文藝春秋，1983～
金時鐘『集成詩集「原野の詩」』立風書房，1991
金時鐘「「記憶せよ，和合せよ」済州島 4・3 事件と私」図書新聞 2487

号，2000
三輪泰史『占領下の大阪』松籟社，1996
高峻石『朴憲永と朝鮮革命』社会評論社，1991
創業五十周年記念行事準備委員会編『松下電器五十年の略史』松下電器，1968
関西電力五十年史編纂委員会編『関西電力五十年史』関西電力，2002
平井正治『無縁声声～日本資本主義残酷史』藤原書店，1997
宇津木秀甫『動ぜざること山のごとし・追悼　谷山一雄』宇津木文化研究所，1984
宮崎学『不逞者』幻冬舎アウトロー文庫，1999
川口孝夫『流されて蜀の国へ』私家版，1998
斎藤茂男『夢追い人よ　斎藤茂男取材ノート』1，築地書館，1989

年　表

	日本国内	日本共産党
1945	8.15 敗戦・解放	第4回党大会
46		総選挙で5議席獲得
47	日本国憲法施行	
48	4.24 阪神教育闘争	
49	下山・三鷹・松川事件	総選挙で35議席獲得
50		1.6 コミンフォルムから批判
	7.28 レッドパージ始まる	1月 所感派と国際派に
	8.10 警察予備隊発足	
51	9.8 サンフランシスコ条約調印	四全協
		五全協
52	4.28 サンフランシスコ条約発効	総選挙で議席ゼロに
	5.1 メーデー事件	
	6.24 吹田枚方事件	
	7.7 大須事件	
	7.21 破防法公布	
	9.11 吹田事件初公判	
53	7.29 吹田黙祷事件	総選挙で1議席獲得
54	国警に一本化	
55	保守合同・左右社会党合同	六全協
56		
59	11.19 枚方事件一審判決	
60	60年安保闘争	
63	6.22 吹田事件一審判決	
64	1.21 枚方事件控訴審判決	
67	9.16 枚方事件最高裁判決	
68	7.25 吹田事件控訴審判決	
72	3.17 吹田事件最高裁上告棄却	

朝鮮・在日	アメリカ・ソ連・アジアなど
9.6 朝鮮人民共和国の樹立宣言	
10月 朝連(在日本朝鮮人連盟)結成	
10月 民団(在日本朝鮮居留民団)結成	
	台湾2・28事件
	3.12 トルーマン・ドクトリンで冷戦公然化
4.3 済州島蜂起	
5.10 南朝鮮単独選挙	
8.15 大韓民国成立	
9.9 朝鮮民主主義人民共和国成立	
	10.1 中華人民共和国成立
6.17 ダレスが訪韓	2月 マッカーシズム
6.25 朝鮮戦争勃発	
10.17 日本海上保安庁・特別掃海隊触雷	
11.15 LT636号事故で22人死亡	
7.27 休戦成立	3.5 スターリン死去
5.26 総連(在日本朝鮮人総連合会)結成	
	2月 スターリン批判
8.13 在日朝鮮人帰還協定	
12.14 第一次帰還船出発	